www.tredition.de

AF202937

Über den Autor:

Achim Graf ist freier Journalist und Texter. Ihn interessiert, warum Menschen tun, was sie tun. Und was das letztlich für sie bedeutet. Oder für die Welt. Im Laufe seines Lebens hat er fast alle Facetten des Arbeitsmarktes selbst erlebt: Geboren im Kreis Rottweil im Schwarzwald (aktuelle Arbeitslosenquote: 2,8 Prozent) über sein Redaktions-Volontariat beim Südkurier in Konstanz (3,9 Prozent) und das Studium der Sozialwissenschaften in Duisburg (13,2 Prozent) landete er in Köln (9,4 Prozent), wo er nun seit vielen Jahren gerne lebt und arbeitet.

Seine Reportagen, Porträts und Interviews sind in zahlreichen Tages- und Wochenzeitungen erschienen, darunter Die Zeit, die Süddeutsche Zeitung und die taz. Als festes Mitglied eines Projektteams der heutigen Funke-Mediengruppe (Essen) hat der Autor eine Reihe von Journalistenpreisen gewonnen und war 2011 Finalist beim Deutschen Journalistenpreis (djp). „Zwei Deutschland" ist sein erstes Buch.

Achim Graf

Zwei Deutschland

**Eine Reise durch Regionen
mit viel und wenig Arbeit**

www.tredition.de

© 2015 Achim Graf
Fotos und Umschlag: Achim Graf
Autorenporträt: Marlene Mondorf

Verlag: tredition GmbH, Hamburg

ISBN
Paperback   978-3-7323-4391-1
Hardcover   978-3-7323-4392-8
e-Book   978-3-7323-4393-5

Printed in Germany

Bibliografische Information der Deutschen Nationalbibliothek:
Die Deutsche Nationalbibliothek verzeichnet diese Publikation in
der Deutschen Nationalbibliografie; detaillierte bibliografische Da-
ten sind im Internet über http://dnb.d-nb.de abrufbar.

Inhaltsverzeichnis

Vorwort

> *Wir arbeiten nicht nur, um etwas zu produzieren, sondern auch, um der Zeit einen Wert zu geben.*
>
> *Eugène Delacroix (1798-1863), frz. Maler*

Arbeit ist ein wichtiger, wenn nicht der zentrale Aspekt in unserem Leben. Wie selbstverständlich antworten wir auf die Frage, was wir denn so machen, mit unserem Beruf. Kein Zweifel: Die Arbeit sichert nicht nur unseren Lebensunterhalt, wir definieren uns auch über sie und verbringen mit nichts anderem so viel Zeit wie mit unserem Job. Wenn wir denn einen haben. Bildung, Engagement und Flexibilität, so heißt es gemeinhin, sollen die Hauptkriterien sein, um beruflich und damit auch finanziell voranzukommen. Doch stimmt das?

Die Spitze und das Schlusslicht in den Statistiken

Ganz offensichtlich ist das nicht die ganze Wahrheit. Denn neben der sozialen spielt in Deutschland nach wie vor auch die regionale Herkunft eines Menschen eine entscheidende Rolle, wenn es um dessen Jobaussichten geht. Die Chance auf einen Arbeitsplatz ist jetzt, rund ein Vierteljahrhundert nach Mauerfall und Wiedervereinigung, noch immer äußerst ungleich verteilt. Einerseits gibt es insbesondere im Süden Gegenden mit Vollbeschäftigung, andererseits vor allem im Osten Landstriche, in denen es nach wie vor für viele schwierig ist, eine bezahlte Arbeit zu finden. Während der Landkreis Eichstätt in der Mitte Bayerns 2013 auf eine durchschnittlich Arbeitslosenquote von 1,3 Prozent kam, waren im gleichen Jahr im Kreis Uckermark im Nordosten von Brandenburg 15,2 Prozent der Bevölkerung ohne Job. Die beiden Regionen bilden damit die Spitze und das Schlusslicht in den Statistiken der Bundesagentur für Arbeit. Kein Zweifel: Es gibt in diesem Sinne zwei Deutschland. Eins mit viel und eins mit wenig Arbeit.

Dieser Umstand bildet die Grundlage für das vorliegende Buch. Es soll die Leser bekannt machen mit zwei Landkreisen, die sich in vielen Bereichen gar nicht so unähnlich sind, der Einwohnerzahl etwa oder der Bedeutung als Ferienregion, sich in einem wichtigen Aspekt jedoch fundamental unterscheiden. Dabei werden nicht nur die Gründe aufgezeigt, warum der Landkreis Eichstätt in Sachen Beschäftigung so viel besser dasteht als die Uckermark. Im Mittelpunkt sollen zwei weitere Fragen stehen: Macht das Vorhandensein von genügend Jobs eine Gemeinschaft automatisch zu einer guten und die Menschen glücklich? Und ist – andererseits – in einer Gesellschaft ohne ausreichend Arbeit trotzdem ein gelingendes Leben möglich?

Freuden und Wünsche, Sorgen und Hoffnungen

Um diese Fragen wirklich beantworten zu können, habe ich mich aufgemacht, diese zwei Deutschland zu bereisen. Hier wie dort habe ich mich mit Menschen getroffen, jung wie alt, mit oder ohne Job, quer durch die Gesellschaft. Ob Landhauschefin oder Landrat, ob Bürgermeister oder Eisverkäuferin, ob Friseurin oder Unternehmer, ob junge Mutter oder arbeitsloser Künstler – sie alle erzählten freimütig aus ihrem Leben, sprachen von dem, was sie antreibt oder hemmt, von ihren Freuden und Wünschen, ihren Sorgen und Hoffnungen.

Im ersten Teil des Buches werden Einwohner aus dem Landkreis Eichstätt berichten, im zweiten Teil Bürger aus der Uckermark – mutige Bekenntnisse und überraschende Erkenntnisse inklusive. Entstanden sind auf diese Weise zwei Reportagen und insgesamt 16 Porträts, dazu zahlreiche Bilder aus beiden Regionen, die den Leser mitnehmen sollen auf eine Reise durch zwei der wohl landschaftlich reizvollsten Regionen Deutschlands und den Menschen, die dort leben.

Keine Handlungsanweisung für eine gerechtere Welt

Dabei ist weder eine wissenschaftliche Aufbereitung des Themas Arbeitslosigkeit das Ziel dieses Buchs noch die Ausarbeitung einer politischen Handlungsanweisung für eine gerechtere Welt. Letztendlich sollen die Geschichten vor allem eines erzählen: Wie lebt es sich mit der niedrigsten Arbeitslosenquote der Republik? Und wie mit der höchsten?

Achim Graf, im Juni 2015

Der Landkreis

Eichstätt

Bayern

30 Kommunen

126.000 Einwohner

1,3 Prozent Arbeitslose

Der Marktplatz von Eichstätt. Der prächtige Brunnen in der Mitte zeigt den heiligen Willibald, den ersten Eichstätter Bischof und Stadtpatron.

Die Anlauter, ein Nebenfluss der Altmühl, bei Erlingshofen (links). Bayerische Tradition beim Alten Wirt am Schellenberg in Enkering.

Voll beschäftigt

**Im Landkreis Eichstätt sind lediglich 1,3 Prozent ohne Job.
Doch der dynamische Arbeitsmarkt fordert auch Opfer.**

Es ist Freitagnachmittag, kurz vor halb fünf. Vor „Sipl's Kaffee-
und Brothaus", im Herzen von Beilngries, sitzen fünf junge Männer auf Korbstühlen und stoßen auf das Wochenende an. Die Sonne scheint, die Stimmung ist gut, das erste Bier schmeckt. „Was
will man mehr?", fragt einer der Burschen, lacht, und erwartet keine Antwort. Vielleicht gehe es am Abend noch ins „Zentral", die
Cocktailbar, keine 100 Meter weiter, vielleicht schone man sich
auch fürs Bouldern am Samstag im b34, dem zum Kletterparadies
umgebauten alten Brauhaus. Raus aus der Stadt müssten sie eigentlich nur, wenn sie ins Kino wollten, dann geht es nach Ber-
ching, Eichstätt oder Ingolstadt.

Dort, in der direkt an den Landkreis angrenzenden Großstadt,
haben zwei der Freunde, alle zwischen 22 und 26 Jahre alt, an der
Technischen Hochschule auch studiert, Maschinenbau der eine,
Elektrotechnik der andere. Inzwischen arbeiten beide wieder im
Landkreis. Zwei haben ihre Ausbildung gleich in Beilngries gemacht, der Jüngste der Gruppe studiert derzeit noch in München
an der Technischen Universität. Doch auch er ist am Wochenende
eigentlich immer hier, in seiner Heimat, bei seinen Freunden.
Manchmal auch unter der Woche. „Ist ja nur eine gute Stunde mit
dem Auto, ist ja kein Ding", sagt er. Ja, meint dann Johannes, der
Älteste in der Runde, sie hätten es mit ihrer Heimat gut erwischt.
„Hier lockt uns keiner weg", sagt er und erntet Zustimmung bei
seinen Freunden. „Was sollen wir woanders?"

In der Tat: Die Welt scheint hier in Oberbayern, zwischen Titting und Großmehring, zwischen Mörnsheim und Tettenwang, weit mehr als in Ordnung. Der Landkreis Eichstätt, geprägt von Rotbuchewäldern und lieblichen Seen, von weitläufigen Getreidefeldern und stattlichen Burgen, lockt nicht nur jede Menge Touristen ins idyllische Altmühltal, einen der größten Naturparks Deutschlands. Es ist vor allem die Wirtschaftskraft, die beeindruckt: Ökonomen sprechen mittlerweile bereits bei einer Arbeitslosenquote von vier Prozent von Vollbeschäftigung, weil offene Stellen und Bewerber nie ganz aufeinanderpassen. Den Kreis Eichstätt ficht das nicht an: Er kommt auf durchschnittlich 1,3 Prozent Arbeitslose, seit Jahren schon. Das ist ohne Beispiel in Deutschland, möglicherweise sogar in der Welt. Das wissen sie hier selbst nicht so genau. In Vergleichsrankings belegt der Landkreis regelmäßig Spitzenplätze, gewann seit 1990 fast 25.000 Einwohner hinzu. Heute leben rund 125.000 Menschen hier zwischen Fränkischer Alb und Hallertau. Erst im März 2014 hat das Magazin „Focus" die Region zur lebenswertesten Gegend in ganz Deutschland gekürt.

„Auf einer funktionierenden Wirtschaft baut alles auf."

Im Landratsamt von Eichstätt hat man sich an derlei Superlative längst gewöhnt, auch an die ständigen Medienanfragen. Hier, am Residenzplatz 1, im barocken Prunk des ehemaligen Bischofssitzes, wirkt seit dem Jahr 2008 Anton Knapp als Landrat. Der Politiker mit kahlem Haupt und wachem Blick ist ein Mann der CSU und „ein Mann der Wirtschaft", wie der 60-Jährige über sich selbst sagt. Der Elektrotechniker war einst der jüngste Bürgermeister Bayerns, übernahm 1984 im Alter von gerade mal 29 Jahren die Amtsgeschäfte in Gaimersheim; der Kommune, deren Einwohnerzahl sich seit den 1960er-Jahren mehr als verdoppelt hat und heute mit rund 11.500 Einwohnern die zweitgrößte Ortschaft im Landkreis

Eichstätt ist – nicht eingerechnet Hunderte von Pendlern, die im dortigen Industriegebiet ihr Ein- und Auskommen gefunden haben. Ein Erfolg, keine Frage, auch für Anton Knapp. Zwar könne man, das räumt er freimütig ein, „als Kommunalpolitiker diese vielen Arbeitsplätze nicht selber schaffen, aber die Rahmenbedingungen."

Barocker Prunk: Landrat Anton Knapp in seinem Büro. Wo einst der Bischof das Sagen hatte, regieren heute Politik und Verwaltung.

Und diese stimmen offenbar. Stets sei dies sein erstes und oberstes Ziel gewesen, schon damals als Bürgermeister, sagt Anton Knapp. „Auf einer funktionierenden Wirtschaft baut alles auf", davon ist der CSU-Politiker überzeugt. Erst dadurch nämlich könnten all die anderen Bedürfnisse der Menschen befriedigt werden, soziale, schulische, kulturelle, sportliche. Die Gewerbesteuer sei neben der Einkommensteuerbeteiligung „der Segen", sagt er. Katholisch ist man schließlich auch.

Kein Zufall also, dass Anton Knapp seinen Wirtschaftsförderer Georg Stark mit zum Interview dazu geholt hat. Dieser ist mindestens so begeistert von seiner Heimat wie sein Chef, spricht von „null Schulden", die der Landkreis habe und berichtet von Investitionen in Schulen, Straßen, Krankenhäuser. Die beiden sind ein eingespieltes Team, auch wenn Stark noch unter Knapps Vorgänger Xaver Bittl seine Mission begonnen hat. Doch auch dieser war, keine Frage, von der CSU, wirtschaftsnah. Und geändert hat sich am Ansatz ohnehin nichts: „Partner sein für die Betriebe", wie es Georg Stark formuliert.

Auf 1000 Einwohner will der Landrat einen Baukran sehen

Da trifft es sich gut, dass man – mit Ausnahme der Großen Kreisstadt Eichstätt – für alle weiteren 29 Kommunen zugleich als Baugenehmigungsbehörde fungiert. Auch wenn der Platz durch politische Vorgaben aus München in den Industriegebieten vielerorts langsam knapp wird, hält Knapp an seiner Maxime für Bauanträge fest: „Heute kaufen, morgen genehmigen, übermorgen zustellen", so wünscht er es sich. Das gelinge natürlich nicht immer, räumt er ein. Doch er gefällt sich mit solch hehren Ziele. „Auf 1000 Einwohner will ich einen Baukran sehen."

Denn es muss ja weitergehen: Wie damals, als 1982 zwischen Großmehring und Kösching die Shell-Raffinerie stillgelegt wurde. Seit 1989 ist dort auf 1,3 Millionen Quadratmetern das Gewerbegebiet Interpark entstanden. Mit eigenem Öko-Klärwerk und integrierten Biomasse-Heizkraftwerken ist er mittlerweile einer der größten Industrie- und Gewerbeparks Europas – darunter macht man es im Landkreis offenbar nicht. Unweit davon, in Lenting, sorgt die Kessel AG als führendes Unternehmen der Entwässerungsbranche für rund 450 Arbeitsplätze. Nur die Osram-Filiale in Eichstätt übertrifft das mit derzeit 700 Mitarbeitern noch. Ob das so bleibt, hängt auch davon ab, ob das Unternehmen einigermaßen unbeschadet durch die vom Glühlampenverbot der EU entfachte Krise der Beleuchtungsindustrie kommt, viele Mitarbeiter fürchten um ihre Stelle. Im Zweifel aber wird das Industriegebiet Gaimersheim auch hier einiges auffangen. Denn dort hat sich nicht nur EDEKA Südbayern mit Verwaltung und Logistik niedergelassen, es sind vor allem eine Vielzahl an Zulieferern und Dienstleistern aus der Automobilbranche, die sich in den vergangenen 30 Jahren angesiedelt haben – und in der Regel stetig wachsen.

Die A9 nennen sie liebevoll „unsere Lebensader"

„Die Begleitung in der Expansion ist wichtig", sagt dazu Landrat Knapp. Neuansiedlungen, schön und gut. Aber das sei häufig Glückssache. Glück, das man freilich vor allen Dingen der stetig aufwärts strebenden Audi AG im direkt angrenzenden Ingolstadt zu verdanken hat, das will auch Wirtschaftsförderer Georg Stark nicht verhehlen. „Aber wir haben die Chancen eben auch genutzt", setzt er, fast ein wenig trotzig, hinterher. Dass die Abhängigkeit von einem einzigen Wirtschaftsakteur unbestritten Risiken birgt, hat man sowieso erkannt. Nicht nur im Landratsamt. „Hat Audi Schnupfen, bekommt der Landkreis eine Lungenentzündung", diese Warnung bekommt man von verschiedenen Seiten immer wieder zu hören.

Das Wirtschaftswunder von Eichstätt alleine mit der Nähe zu Audi erklären zu wollen, griffe ohnehin zu kurz. Tatsache ist, dass der Landkreis auch von kaum beeinflussbaren Faktoren profitiert. So liegt man im insgesamt florierenden Vorzeigeland Bayern nicht nur genau im Zentrum (der Markt Kipfenberg bildet die geographische Mitte des Freistaats), auch die Lage zwischen den Ballungsgebieten Augsburg und Regensburg, Nürnberg und München, direkt angebunden über die A9 und jeweils keine Stunde entfernt, ist sicher kein Nachteil. „Unsere Lebensader", nennen sie die Autobahn hier liebevoll. Glücklich ist Landrat Knapp zudem über den ebenso bodenständigen wie vielfältigen Mittelstand, der auch in den Krisenjahren 2008 und 2009 möglichst auf Entlassungen verzichtet habe. Da könne man auch ein bisschen stolz drauf sein, meint er. Manch einer, erzählt Wirtschaftsförderer Georg Stark, habe sich in den vergangenen Jahrzehnten vom kleinen Betrieb zu einem führenden Unternehmen in seiner speziellen Nische entwickelt. Bis hin zum kreativen Schreiner, von dem er berichtet. Dieser beliefere mit großem Erfolg Ritterspiele auf Mittelaltermärkten mit Holzschwertern. Es war eine Marktlücke.

Tradition und Moderne: Blick von der Willibaldsburg, errichtet um 1360 und bis 1725 Bischofsresidenz, auf ein Neubaugebiet von Eichstätt.

Sich auf dem Erreichten auszuruhen, kommt für den Menschenschlag hier aber nicht in Frage. 2008 hat der Landkreis deshalb zusammen mit der Stadt Ingolstadt, zwei benachbarten Landkreisen sowie zahlreichen Unternehmen, darunter Audi, Edeka Südbayern und die Airbus Defence and Space GmbH, das gemeinsame Regionalmanagement „Irma" aus der Taufe gehoben. Ziel der Kooperation ist die weitere Stärkung der Region, ob durch Aktionstage für Jugendliche, die Unterstützung gemeinnütziger Projekte oder die Installation eines Gründernetzwerks. Jüngst hat man zudem die gemeinsame Vermarktung regionaler Lebensmittel gestartet. „Vier Gärten" nennt sich die Initiative, die Mehl und Kartoffeln, Honig und Marmelade nicht nur über viele Hofläden verkauft, sondern mittlerweile auch an Edeka und REWE liefert.

Andernorts schließen Schulen, hier machen neue auf

Eichstätt selbst ist „Irma" 2013 ebenfalls beigetreten. Schaden kann das nicht, zumal man sich als Kommune im Bereich Industrie und Handel gar nicht allzu sehr von anderen Kleinstädten in Deutschland abhebt. Hier kommen andere positive Faktoren zum Tragen: Eichstätt, kaum mehr als 13.000 Einwohner stark, beherbergt nicht nur die Kreisverwaltung, sie ist darüber hinaus Bischofsitz und kleinste Universitätsstadt Deutschlands – mit allen damit zusammenhängenden Arbeitsplätzen, unbefristete Verwaltungsjobs zumeist. Darüber hinaus existieren hier ein Krankenhaus, zwei Realschulen und zwei Gymnasien, dazu eine Berufs- und eine Fachoberschule, eine Fachakademie für Sozialpädagogik sowie eine Altenpflegeschule. Der Bedarf ist offensichtlich da. Denn während andernorts Schulen geschlossen werden, eröffneten im Landkreis in jüngster Vergangenheit sogar drei neue: in Beilngries 2002 ein Gymnasium, 2006 eine Realschule in Kösching sowie zuletzt 2010 ein Gymnasium in Gaimersheim. Das sichert nicht nur Zuzüge und zusätzliche Arbeitsplätze, auch der Nachwuchs ist dadurch gleich in der Region – und bleibt in der Regel gerne.

Die grandiose Natur, allem voran die berühmten Wacholderheiden, die den Feriengästen so gut gefallen, gibt's quasi noch oben drauf. Fahrradurlauber, Kletterer, Kanuten, Bootswanderer und Fossiliensammler kommen in der Region gleichermaßen auf ihre Kosten. Weitere Anziehungspunkte sind die Jahrhunderte alten

Jurahäuser, karge Schönheiten mit ihren einzigartigen Dächern aus heimischen Kalkplatten, die vor allem das malerische Altmühltal prägen. Seit den 80er-Jahren werden diese unter anderem durch ein bayerisches Sonderprogramm ebenso restauriert wie zuvor bereits die zahlreichen Schlösser, Burgen und Klöster im Landkreis. Man tut was für all die Schönheit.

Die berühmten Wacholderheiden, wie hier bei Gungolding, locken immer mehr Touristen in den Landkreis und das idyllische Altmühltal.

Von den prächtigen Renaissance- und Barockbauten in der Kreisstadt, Zeugnisse der fürstbischöflichen Epoche, ganz zu schweigen. Selbst die Geschäftsstelle des Naturparks Altmühltal und des Kreis-Tourismusverbandes residiert standesgemäß: In der ehemaligen Klosterkirche Notre Dame du Sacré Coeur, im Jahr 1719 geschaffen nach den Plänen von Gabriel de Gabrieli, wie so viele Bauten in der Stadt. Bescheidenheit sieht zweifellos anders aus. Doch auch diese findet man hier, kaum mehr als 500 Meter entfernt.

Der schmucklose Bau aus Beton und Glas an der Durchgangstraße lässt jegliche Pracht vermissen – und beherbergt unter anderem die Eichstätter Geschäftsstelle der Arbeitsagentur Ingolstadt. Stephan Vielberth ist hier der Chef, auch er war schon oft in der Zeitung. 1,3 Prozent Arbeitslosigkeit, seit Jahren statistisch Vollbeschäftigung, das interessiert die Leute. „Sie werden wohl nichts zu tun haben", diesen launigen Satz hat der 42-Jährige oft gehört. Und doch bleibt er falsch, wie der smarte Diplom-Verwaltungswirt gleich klarstellt. „Es gab in meinen fünf Jahren noch keinen Tag, an dem sich nicht jemand hätte arbeitslos melden müssen", sagt er.

Etwa 900 Menschen im Kreis sind im Durchschnitt ohne Job

Und klar: Auch hinter 1,3 Prozent verbergen sich echte Menschen. Im gesamten Kreis mit über 125.000 Einwohnern und weit über 70 000 erwerbsfähigen Personen sind das etwa 900 im Durchschnitt. Etwa zwei Drittel davon beziehen Arbeitslosengeld I, sechs Mitarbeiter kümmerten sich in der Agentur um deren Beratung und Vermittlung, verrät Vilberth. Ein Betreuungsschnitt, von dem andere Arbeitsämter nur träumen können. Im Landkreis Uckermark beispielsweise liegt der Schnitt in etwa doppelt so hoch.

Doch wer sind nun die Menschen, die in einer solch prosperierenden Region wie Eichstätt ohne Arbeit bleiben? Die Jugendlichen in der Regel schon mal nicht, erläutert Klaus Henning Eggert (62). Er ist als Quereinsteiger seit acht Jahren einer der sechs Berater in der Agentur – und sollte sich eigentlich um die Jugendarbeitslosigkeit kümmern, die nun faktisch gar kein Thema mehr ist. „Da habe ich wohl einen guten Job gemacht", sagt er mit einem Grinsen, nicht ohne auf die wirklich guten Umstände zu verwiesen. Man sei längst Teil eines funktionierenden Netzwerks, vom Wirtschaftsförderer des Kreises, über die Kommunen, Schulen und Unternehmen, bis hin zu den Arbeitnehmern, „die durch ihre Einstellung mitmachen". Zumindest die meisten. Die Folge: „Wenn bei uns jemand unter fünfzig und bemüht ist, dazu eine gute Qualifizierung hat, dann ist das ein Selbstläufer", meint Eggert.

Probleme haben laut ihm und seinem Chef eher Frauen, die nach der Familienphase wieder einsteigen wollen, denn Teilzeitjobs sind wie fast überall auch rund um Eichstätt Mangelware. Ein wenig Sorgen machen sie sich aber auch um Ältere, die ihre Arbeit verlieren. Mittlerweile seien ein Drittel ihrer Kunden 50plus, um die man sich laut Eggert ein halbes Jahr lang noch intensiver kümmere als um die übrigen. „Die schreiben 150 Bewerbungen und fallen beim Auswahlverfahren dann spätestens raus", berichtet Agenturchef Vielberth. Häufig sei das Alter der Grund für die Absage, da ist er sich sicher. „Aber das sagt natürlich niemand offen." Doch auch hier findet laut ihm langsam ein Umdenken in den Unternehmen statt.

Fachleute in die Provinz zu locken als größte Aufgabe

Diese haben nämlich, und das ist die Kehrseite der überragenden Beschäftigungsquote, inzwischen immer größere Schwierigkeiten, ihre Positionen zu besetzen. Ingenieure und Kaufleute etwa werden stets gesucht, „die holen wir inzwischen sogar als Senior-Experten wieder in die Betriebe zurück", sagt Vielberth. Aber auch Fachkräfte und Aushilfen in Pflegeeinrichtungen, in der Gastronomie oder Hotellerie hätten alle Möglichkeiten – wenn sie denn den Weg in die bayerische Provinz finden würden.

Arbeitnehmer von außerhalb für die Region zu begeistern – Agentur-Sprecher Peter Kundinger weiß, „dass uns das in den kommenden Jahren immer mehr beschäftigen wird". Schon jetzt laufen erste Projekte, etwa mit Spanien, um die jungen Leute aus der dortigen Rekordarbeitslosigkeit ins gelobte Arbeitsland zu holen. Solche Dinge werde man verstärken müssen, sagt er. Denn auch in den umliegenden Landkreisen, die ebenfalls zu Kundingers Zuständigkeitsbereich gehören, habe man „Vorzeigequoten", wie er es nennt. Der angrenzende Kreis Pfaffenhofen kam 2013 demnach auf 2,1 Prozent Arbeitslose, in Neuburg an der Donau waren es 2,3 Prozent. Die Stadt Ingolstadt wies im betreffenden Jahr zwar immerhin 3,5 Prozent Menschen ohne Beschäftigung aus, doch auch dies ist laut Kundinger, mal wieder, ein Rekord: „Das ist die beste Quote einer deutschen Großstadt", sagt er.

Audi ist im Kreis allgegenwärtig, wie hier in Gaimersheim. Aber auch Befristungen und Zeitarbeit. „Dynamik" nennt man das im Arbeitsamt.

Für Agenturgeschäftsführer Stephan Vielberth steht daher fest: „Wer hier arbeiten will, der findet Arbeit." Nach einer kurzen Denkpause fügt er noch hinzu: „Aber vielleicht nicht adäquat." Hinter diesem Nachsatz verbirgt sich allerdings nicht nur die Möglichkeit, dass Bewerber nicht unbedingt eine Stelle in ihrem angestammten Beruf finden oder unrealistische Vorstellungen in Sachen

Bezahlung haben könnten. Die heiklen Stichworte – bei Audi, bei Osram und mittlerweile auch bei vielen Mittelständlern – heißen: Zeitarbeit, Leiharbeit, Arbeitnehmerüberlassung, befristete Beschäftigung.

Unschöne Begriffe, über die man hier nicht gerne reden mag. „Ich wüsste nicht, dass das bei uns ein besonderes Problem darstellt", hatte etwa Landrat Anton Knapp das Thema schnell beendet. Doch nur durch prekäre Arbeitsverhältnisse lassen sich die 4381 Zugänge zur Arbeitslosigkeit, denen 4306 Abgänge gegenüber stehen, wie Stephan Vielberth sie für 2013 ausweist, wirklich erklären. Die 1,3 Prozent wirken lediglich statisch, sie sind es keineswegs. Das sei die ungeheure Dynamik, die in einem solch gesättigten Arbeitsmarkt drinstecke, formuliert Vielberth zunächst positiv. Dann spricht er in Bezug auf Zeitarbeit und Befristung allerdings auch vom gefürchteten Drehtüreffekt. „Das führt schon dazu, dass einige immer wieder zu uns kommen."

Innerhalb von drei Jahren bereits den dritten Chef

Das glaubt die Geschäftsfrau, die ihren Laden in Sichtweite des Eichstätter Doms hat und ihren Namen lieber nicht nennen will, nur allzu gerne. Bei Audi seien die Neueingestellten fast alle Zeitarbeiter, sagt sie. Von 80 Prozent will die Mittfünfzigerin gehört haben. Die Arbeitswelt sei auch in Eichstätt eine härtere geworden. „Aber darüber wird öffentlich nicht gesprochen." Die Verkäuferin aus dem Ein-Euro-Laden kann die Einschätzung der Geschäftsfrau zumindest für ihre Branche bestätigen. „Vieles läuft hier über Zeitarbeitsfirmen", sagt die 29-Jährige. Ganz schnell sei man dann auch wieder draußen. Sie selbst hatte noch Glück und wurde seinerzeit unbefristet angestellt. Für die höhergestellten Filialleiter gilt das in ihrem Unternehmen kurioserweise nicht. „Ich arbeite jetzt seit drei Jahren hier und habe schon den dritten Chef", erzählt die Verkäuferin. Gut möglich, dass sich auch dieser demnächst bei einer der vier Damen vom Empfang im Arbeitsamt melden muss. Für sich selbst vorstellen will sich die junge Frau das lieber nicht. „Wenn du bei uns arbeitslos wirst, dann giltst du als totaler Loser oder als faul. Wahrscheinlich als beides."

Der Stellenverlust ist hier ein Stigma

Damit spricht die 29-Jährige das Problem an, das man auch in der Arbeitsagentur kennt. „Der Stellenverlust ist bei uns nach wie vor ein Stigma", meint Vermittler Eggert, auch wenn er diesbezüglich positive Veränderungen in der Gesellschaft bemerkt haben will. „Obwohl schon gesagt wird: ‚Hast du gehört, der Huber hat keine Arbeit mehr'", ergänzt Agentursprecher Kundinger. Sicherlich, räumt dann auch Eggert ein, so etwas ließe sich in der dörflichen Struktur einfach nicht verbergen. „Das wird bemerkt." Insbesondere dann, wenn die Arbeitslosigkeit nicht nur vorübergehend ist und sich die Menschen nach einem Jahr als so genannte Langzeitarbeitslose zwei Stockwerke höher im Jobcenter wiederfinden. Etwa dreihundert Personen gehören im Landkreis zu dieser Klientel. Loser und Faule mögen auch darunter sein, insbesondere jedoch Menschen ohne Ausbildung, mit mangelnden Sprachkenntnissen, mit physischen oder psychischen Einschränkungen, darin sind sich die Experten aus der Arbeitsagentur einig.

Gerhard Bauer sieht das genauso, und der Mann kennt sich aus. Bauer ist Leiter der Caritas-Kreisgeschäftsstelle in Eichstätt, seit mehr als 25 Jahren bereits, und hat die Entwicklungen im Landkreis über all die Jahre hautnah miterlebt. Wie etwa Anfang der 90er-Jahre vor allem Übersiedler aus den neuen Ländern integriert werden sollten, „oft mit DDR-Berufsbildern, die bei uns gar nicht existierten". Später seien dann die ausländischen Flüchtlinge gekommen, meist gänzlich ohne Sprachkenntnisse, und in diesem Bereich erlebe man bekanntlich seit kurzem wieder einen enormen Zuwachs, ob aus Syrien, Afghanistan oder dem Irak. Selbst Obdachlosigkeit sei zeitweilig ein Thema gewesen. Mittlerweile würden die Flüchtlinge, ganz nach dem politischen Willen, dezentral untergebracht. Rund zwanzig Einrichtungen betreibe die Caritas im Landkreis, was die eingesetzten Sozialarbeiter laut Bauer jedoch vor große Herausforderungen stellt. Statt sich gezielt um ihre Klientel kümmern zu können, sind diese laut Bauer viele Stunden auf den Straßen des Landkreises unterwegs. „Die haben bei unserem Flächenkreis enorme Strecken zu bewältigen", sagt er. Dennoch sieht der Caritas-Chef auch positive Entwicklungen. Der Staat habe die Problemlagen mittlerweile erkannt und biete Sprachkurse und auch Berufsvorbereitung für die jungen Flüchtlinge an.

„Auch bei uns finden weiter Pfändungen statt."

Dennoch ist lange nicht alles gut, auch nicht im Landkreis Eichstätt. Vier bis fünf Mal in der Woche gibt nach Angaben von Gerhard Bauer allein die Caritas Ausweise an Bedürftige aus, die zum günstigen Einkauf in der hauseigenen Kleiderkammer ebenso berechtigen wie donnerstags zum Erwerb von Lebensmitteln für einen Euro bei der Eichstätter Tafel, mit der man kooperiere. Und daran wird sich auch so schnell nichts ändern. Davon zumindest ist Bauers Mitarbeiter Hans Wiesner überzeugt, der seit 1995 als Schuldnerberater an der Weißenburger Straße tätig ist. „Der Beratungsbedarf ist ungebremst", berichtet der Pädagoge, der gerne auch Schulen besucht, um dem Nachwuchs den Umgang mit Geld nahezubringen. „Trotz Vollbeschäftigung, bei uns finden auch weiter Zwangsvollstreckungen und Pfändungen statt", sagt er.

In Wiesners Berateralltag spielen dabei die verbreiteten Zeitarbeitsverträge ebenfalls häufig eine Rolle. Hinzu komme die Saisonarbeit, im Tourismusgewerbe etwa oder im Steinbruch. „Wenn dann ein Viertel des Jahres bedingt durch Arbeitslosigkeit nur 60 Prozent vom letzten Netto auf dem Konto landen, reicht das oft hinten und vorne nicht", weiß Wiesner. Das liege insbesondere an den deutlich gestiegenen Lebenshaltungskosten in der Region, ein negativer Effekt des guten Wirtschaftsklimas. Wiesner holt die Zeitung vom vergangenen Wochenende und sucht gezielt nach den Immobilienanzeigen. „Sehen sie", ruft er plötzlich aus. „330 000 Euro für eine 100-Quadratmeter-Neubauwohnung im Zentrum von Eichstätt." Das seien ja beinahe Großstadtverhältnisse, gibt er zu bedenken. Für viele Normalverdiener, da ist sich der Schuldnerberater sicher, sei das eigentlich nicht gar mehr zu stemmen.

Die Lebenshaltungskosten werden bereits für Normalverdiener zum Problem. Die Immobilienpreise in Eichstätt etwa erreichen Großstadtniveau.

Und auch wenn es auf den Dörfern noch anders aussieht, geplatzte Baufinanzierungen gehören bei Wiesner zum Tagesgeschäft. Ob teure Scheidungen, chronische Krankheiten oder schwere Unfälle; es gibt laut dem Berater viele Gründe, warum ein Lebens- und ein damit zusammenhängendes Finanzierungskonzept den Menschen um die Ohren fliegen kann. Überall.

Laut der Wirtschaftsauskunftei Creditreform war 2014 fast jeder zehnte deutsche Verbraucher überschuldet, im Landkreis Eichstätt hingegen können demnach lediglich 3,67 Prozent der erwachsenen Bevölkerung ihre Verbindlichkeiten nicht mehr bedienen. Im so genannten Schuldneratlas liegt man seit mehr als zehn Jahren einsam an der Spitze. Auch das ist so ein Superlativ, über das man sich im Landratsamt und in den Bürgermeisterzimmern nicht mehr wundert.

„Die Statistik schützt den Einzelnen nicht."

Allerdings verbergen sich hinter dieser schnöden Prozentzahl laut Caritas an die 3000 menschliche Schicksale, deren Misere im gedeihlichen Umfeld wohl umso schwerer zu ertragen ist. Es ist ein Makel, weit schlimmer wohl als in einer Region, in der sich Betroffene als Opfer eines gesamtgesellschaftlichen Problems sehen können. Hier, in Oberbayern, scheitert man hingegen individuell. Doch wie sagte Schuldnerberater Wiesner so trefflich: „Die Statistik schützt den Einzelnen nicht."

Und dennoch ist es keine Frage, dass insgesamt alle Einwohner im Landkreis von der außergewöhnlichen Wirtschaftsstärke profitieren: von den intakten Straßen, den vielseitigen Freizeiteinrichtungen, der wachsenden Schullandschaft. Allein in die weiterführenden Bildungseinrichtungen seien in den vergangenen Jahren rund 56 Millionen Euro investiert worden, verkündet Landrat Anton Knapp nicht ohne Genugtuung. Die Kliniken in Eichstätt und Kösching sind nach seiner Aussage ebenso wenig gefährdet wie die regionale und kommunale Jugendarbeit, keine Selbstverständlichkeit mehr in vielen Landstrichen.

Dass andererseits das hohe Lohnniveau in der Region dem einen oder anderen Unternehmen ernsthaft zu schaffen macht, weiß Anton Knapp freilich. Im Umkehrschluss entsteht hierdurch aber wiederum eine außergewöhnliche Kaufkraft, die dem örtlichen Handel und dem Handwerk unmittelbar zugutekommt. „Unser Wunsch ist, dass es allen gutgeht", fasst der Landrat die komfortable Situation in aller Kürze zusammen. Die Voraussetzungen dafür könnten zweifellos kaum besser sein.

Aus lokalpatriotischen Gründen kein Wagen mit Stern

Nur einer zieht kaum einen Vorteil aus der Wirtschaftskraft der Region: der beinahe schon bedauernswerte Mercedes-Händler in der Eichstätter Sollnau, dem örtlichen Industriegebiet. Sicherlich, der Nutzfahrzeugbereich profitiert ebenfalls vom anhaltenden Boom in Industrie, Handel und Handwerk. Die meisten der vielen, die es sich hier leisten könnten oder aus Prestigegründen eigentlich leisten sollten, einen Pkw mit Stern zu fahren, verzichten aus lokalpatriotischen Gründen darauf. Der Bürgermeister, der Landrat, ja sogar der Bischof, sie fahren alle Audi.

Die barocken Bauten von Gabriel de Gabrieli prägen bis heute die Innenstadt von Eichstätt. Auch der Residenzplatz wurde von ihm gestaltet.

Die Steinbrüche, wie hier bei Kaldorf, sind weiterhin ein Wirtschaftsfaktor. Die Solnhofer Platte hat jedoch längst billige Konkurrenz aus China.

In diesem Teil Bayerns locken keine Berge. Die grüne Hügellandschaft bildet dafür ein ideales Terrain für Wanderer und Fahrradtouristen.

Selbst die Verwaltung der einzigen Katholischen Uni Deutschlands kann sich sehen lassen: Es ist der ehemalige Sommersitz der Fürstbischöfe.

Andreas Steppberger, Oberbürgermeister

„Die Bürger lieben ihre Stadt."

Mit Gästen steigt Andreas Steppberger gerne mal aufs Dach. Denn von hier oben, vom Turm des barocken Rathauses am Marktplatz, hat man einen fantastischen Blick über die Stadt: Auf den bischöflichen Dom von Eichstätt etwa, den berühmten Residenzplatz, das Kloster St. Walburg oder die Willibaldsburg, ehemals Sitz der Fürstbischöfe. Steppberger genießt das – und findet feierliche Worte. Es erfülle ihn mit Freude, Oberbürgermeister dieser Stadt zu sein, sagt er. „Eichstätt hat Reiz und Charme. Ich fühle mich hier zu Hause."

Bestehende Strukturen stärken: Oberbürgermeister Andreas Steppberger, seit 2012 im Amt, über den Dächern von Eichstätt.

Gut drei Jahre ist der 38-Jährige Jurist mittlerweile in der Stadt und im Amt. Gebürtiger Münchner ist er, hat in Passau studiert, im benachbarten Ingolstadt war er als Rechtsanwalt tätig – und holte 2012 als junger Kandidat der Freien Wähler in der Stichwahl gegen den heimischen CSU-Bewerber fast 72 Prozent der Stimmen. „Ich war völlig unabhängig ", lautet sein Versuch einer Erklärung. „Die Leute wollten den Blick von außen, wollten alte Strukturen durchbrechen." Und in der Tat: Fast 20 Jahre war Arnulf Neumeyer von der SPD zuvor an der Stadtspitze, sein designierter Parteinachfolger erreichte keine 15 Prozent. Das Wahlergebnis war eine Zäsur.

Sogar das japanische Fernsehen war da

Dabei scheint unter SPD-Führung nicht allzu viel falsch gelaufen zu sein in der 13.000-Einwohner-Kommune. Sicherlich: Das Aushängeschild, die geringe Arbeitslosenquote, gilt für den gesamten Landkreis. Und doch ist vor allem die Kreisstadt zum Symbol der 1,3 Prozent geworden. Damit habe man die möglicherweise niedrigste Arbeitslosenquote weltweit, „aber zumindest in Europa", sagt Steppberger nicht ohne Stolz. Kein Wunder also, dass selbst amerikanische Magazine bereits beim OB anklopften, sogar das japanische Fernsehen war da. Wie sie das gemacht hätten, lautet die immer wieder gestellte Frage. Allzu viel davon möchte sich Andreas Steppberger angesichts seiner kurzen Amtszeit nicht ans Revers heften – und spricht lieber vom Geheimnis der Gegebenheiten: Die schöne Landschaft, der Bischofssitz, die Uni, auch Osram und Audi in der Nähe, sicherlich.

Der OB schwärmt vom ehrenamtlichen Engagement

Ganz enorm profitieren Stadt und Region allerdings auch von dem, was Soziologen soziales Kapital nennen: Dem Engagement der

Menschen. „Die Bürger lieben ihre Stadt, und sie kämpfen für sie", diese Erfahrung hat Steppberger längst gemacht. Der Politiker schwärmt etwa von den Eichstätter Kulturtagen, an denen vor allem viele junge Menschen im Einsatz sind, Theater, Konzerte und Ausstellungen organisieren, auch die Uni mischt dann stets mit. Beim Volksmusiktag „Mittendrin" ließen derweil rund 3000 Musikanten alle zwei Jahre „jeden Winkel in der Stadt erklingen", erzählt er. Das Ganze wird genauso von Ehrenamtlichen organisiert wie das dreitägige Festival mit Alter Musik oder das Rock- und Popfestival „Open Air am Berg", bei dem neben regionalen Acts durchaus auch Musikgrößen wie die Sportfreunde Stiller, Gentleman oder Die Happy bereits auftraten.

Die Stadt steht trotz allem mit Millionen in der Kreide

Für Andreas Steppberger ist seine Verantwortung nun, „diese bestehende Strukturen zu stärken". Das sei eine reizvolle Aufgabe, meint er und betont vor allem den schnellen Informationsfluss im Rathaus. Mit dem Bischof, dem Generalvikar, dem Unipräsidenten, mit allen stehe er persönlich in engem Kontakt. Der OB gibt sich als Macher, nicht als Delegierer, auch wenn er heute zunächst den Verwaltungsdirektor zum Interview dazu geholt hat. Dieser, Hans Bittl, ist aber einfach schon viel länger im Amt als sein Chef. Und kann daher umso besser erklären, warum die Stadt all der Vorzüge zum Trotz weder ganz sorgen- noch schuldenfrei ist.

Mit rund 10 Millionen steht Eichstätt derzeit in der Kreide – Tendenz zunehmend. Bittl nennt „kommunale Pflichtaufgaben" als Hauptgrund für das Defizit. So steht etwa ein neues Feuerwehrgerätehaus inklusive Fahrzeuge auf der Investitionsliste, vom eben erst eröffneten neuen Bahnhof mit integriertem Busbahnhof ganz zu schweigen. Und während allerorten Sportstätten geschlossen werden, denkt man in Eichstätt ganz konkret über einen neuen

Sportplatz nach. Man müsse nun mal eine gewisse Infrastruktur vorhalten, sind sich die Verwaltungsoberen einig. „Das darf jeder erwarten, das kann man nicht am guten Einkommen der Leute hier festmachen", sagt Steppberger.

Doch Eichstätt hat ein Problem: Die Gewerbesteuereinnahmen sind verhältnismäßig gering, weitere Flächen für die Industrie kann die Kommune, bedingt durch ihre Lage im Tal, nicht ausweisen. So kommt der Entwicklung der Innenstadt umso größere Bedeutung zu. „Wir haben kein C&A und kein H&M, dafür sind wir zu klein", sagt der Oberbürgermeister. Viele Eichstätter führen deshalb zum Einkaufen nach Ingolstadt. Ein jüngst beschlossenes Entwicklungskonzept soll dem entgegenwirken. So will man nicht nur Leerstände vermeiden, durch ein Parkleitsystem, mehr Grün und größere Barrierefreiheit soll die Stadt für Einheimische ebenso an Attraktivität gewinnen wie für Touristen.

Moderatorin soll für mehr Miteinander sorgen

Dass man der Entwicklung in Sachen Fremdenverkehr der Stadt Beilngries im Norden des Landkreises hinterherhinkt, weiß Andreas Steppberger. Dort, sagt er, hätten sich vor allem einige Familienbetriebe im Hotelgewerbe sehr gut entwickelt. Dass vielen Bürgern in seiner Stadt hingegen der Gemeinsinn fehlt, sie die Zusammenarbeit der Akteure in Eichstätt bemängeln, das kam dem Bürgermeister häufig zu Ohren. Und so soll nun eine Innenstadt-Moderatorin für mehr Miteinander sorgen. Dass dies gelingen wird, daran hat der 38-Jährige keinen Zweifel. Erst recht nicht hier oben auf dem Rathausturm, wenn ihm das barocke Städtchen mit all seiner Pracht aus der Vergangenheit quasi zu Füßen liegt. Er lacht. Ja, sagt er dann. „Ich bin ein glücklicher OB."

Eva Chloupek, Journalistin

„Heimat ist nicht Blasmusik."

Eine Lokalredakteurin mit guter Laune trifft man nicht mehr oft.
Den Zeitungen geht es schlecht – und das schlägt meist auch ihren
Angestellten aufs Gemüt. Doch Eva Chlupek strahlt. Sie ist stellver-
tretende Lokalchefin des Eichstätter Kurier und hat nicht nur wenig Sorgen ums eigene Blatt. Sie genießt zudem das Privileg, aus
einem Landkreis zu berichten, in dem gute Stimmung herrscht.
„Die Leute hier sind nicht verbissen", hat die die 47-Jährige beobachtet. Das sei ja schon ein Zeichen dafür, dass die Leute nicht
existenziell bedroht seien. Es gehe den Menschen gut. „Lebenspla-
nung hat ja auch viel mit Arbeitsplatzsicherheit zu tun."

*Botschafterin der Region: Lokaljournalistin Eva Chloupek arbeitet gern in
Eichstätt, schreibt aber auch an gegen das „Mir-san-mir-Gefühl".*

In diesem Sinne lässt es sich Leben und Planen im Kreis Eichstätt. Für die meisten zumindest. Der Süden und Osten prosperiere, sagt die Journalistin. Im ländlich geprägten Norden und Westen gibt es aber schon die eine oder andere Sorge. Dort lebten viele von der Arbeit in den Steinbrüchen, sagt Chlupek. Während der Jura-Marmor nach wie vor begehrt ist, stehen die Erzeugnisse aus den Kalksteinbrüchen, die berühmte Solnhofer Platte, jedoch zunehmend in Konkurrenz mit chinesischen Billigprodukten. Die Firmen hätten sich jetzt in der Vermarktung zusammengeschlossen, doch der eine oder andere Hackstockmeister verliere wohl dennoch mittelfristig seine Arbeit – und damit auch sein stolzes Berufsbild. Die gute Seite jedoch: „Wenn einer Steinbrecher war – also Maurer werden überall gesucht."

Niemand bestellt aus finanziellen Gründen die Zeitung ab

Es ist diese positive Grundstimmung, die auch der Lokalausgabe des Donaukurier mit Sitz in Ingolstadt hilft. „Unsere Abo-Zahlen gehen ebenfalls zurück", räumt Eva Chlupek zwar ein. Aber eben langsamer als anderswo. In Kreis bestelle keiner aus finanziellen Gründen seine Heimatzeitung ab. Heimatzeitung. Ja, sagt sie, so sehe sie ihr Blatt. „Das ist für mich positiv besetzt. Heimat ist nicht Blasmusik, sondern der Lebensraum, in dem wir uns bewegen." Und der macht der Journalistin Freude, ob sie aus dem Stadtrat berichtet oder vom Feuerwehrfest. Bei einer kleinen Zeitung zu arbeiten beschert ihr nämlich mehr Freiheiten, aber auch mehr Verantwortung, wie sie meint. Man treffe seine Leser und auch die Leute, über die man schreibe. „Ein Artikel hat Folgen, die man auch spürt."

Ein Thema, das die Menschen im Landkreis derzeit umtreibt, ist die geplante Stromtrasse, die in der vorgesehenen Form auch durch den Landkreis führen würde. Nicht nur, dass diese massiv in die Landschaft eingreifen würde, die Leute hätten „Zweifel, ob statt Öko- nicht vielmehr Kohlestrom durch unsere Heimat gelotst wird", sagt Chlupek. „Von den Gewinnen aber haben wir nichts." Und so hat die Journalistin durchaus Sympathien für die Skeptiker. Die Menschen fühlten sich einfach schlecht informiert. Sogar der Landrat kämpfe gegen die Trasse. Kurios für die 47-Jährige. „Die CSU macht hier ihre eigene Opposition."

„Keine obrigkeitshörigen Sonntagskatholiken."

Die gibt es auch durchaus in der katholischen Kirche. Die Religion, meint Eva Chlupek sei am Bischofssitz sehr präsent und der Dom gut besucht. „Aber das sind keine bigotten, obrigkeitshörigen Sonntagskatholiken." Vor 30 Jahren, meint sie, hätte sich kaum jemand getraut, der Bistumsleitung zu widersprechen. Das sei inzwischen anders. Und so wurde etwa die Umgestaltung des Altarraums des Doms monatelang heftig diskutiert. Doch das sei nicht das Entscheidende, meint Chlupek. „Die Leute leben ihren Glauben und setzen sich ein, christlich im besten Sinne." Das sehe man jetzt etwa bei der verstärkten Aufnahme von Flüchtlingen im Kreis. Da hat die Lokalredakteurin eine große Welle der Hilfsbereitschaft ausgemacht. „In fast allen Gemeinden gibt es Bürgervereine, in denen sich Menschen zusammenschließen und helfen." Es würden Kleider gespendet, Fahrdienste übernommen und Deutschkurse angeboten. Überrascht ist sie davon nicht. „Wenn wir es nicht könnten, wer dann?"

Und so ist die Mutter eines erwachsenen Sohnes, der ebenfalls in der Stadt blieb, wie sie betont, gerne Botschafterin einer Region, mit der es der liebe Gott gut gemeint hat. Nicht nur wegen Bischofssitz und Audi, auch wegen der Uni, die stets interessante Themen für sie bereithält und der Stadt ein jugendliches Flair verleiht. Rund 4000 Studierende, das ist fast ein Drittel der Gesamtbevölkerung, sind am Eichstätter Campus eingeschrieben, das dürfte deutschlandweit einmalig sein. Natürlich gebe es auch Problembeladene in ihrer Heimat, da mache sie sich nichts vor, sagt Eva Chlupek. Ob es nun der Alkohol sei oder eine psychische Erkrankung, davor schütze auch die gute Wirtschaftssituation nicht. Die Betroffenen aber würden aufgefangen. Denn wenn es einem selber gutgehe, lasse sich auch leichter etwas abgeben. „Es gibt bei uns wirklich nur ganz wenige Menschen, die gar keinen Anschluss haben", sagt sie. „Und die haben sich das meistens so ausgesucht."

Zu lange auf den Gabrieli-Barock vertraut

Gibt es im Landkreis also wirklich gar nichts zu kritisieren, von einer Journalistin zumal? Doch sicherlich, sagt sie dann. „Dieses unsägliche Mir-san-mir-Gefühl, das versuche ich zu durchbrechen, denn wir sind uns schon oft selbst genug." Sie macht das beispielsweise an der Kreisstadt fest, die manchen Zug verschlafen habe. Viel zu lange habe man sich gesagt: „Wir haben unseren Gabrieli-Barock, unseren Bischof, hatten unseren Fürsten. Wir müssen nix tun." Im einst verschlafenen Beilngries, sie verfolgt das seit langem, haben sich stattdessen mehrere Wirte zusammengetan, wurden aktiv – und haben das Städtchen mittlerweile zur Touristenhochburg im Altmühltal gebracht, mit Flugplatz, Yachthafen und Golfplatz. „In Eichstätt suchen sie dagegen seit Jahren vergeblich einen Investor für ein Hotel in bester Innenstadtlage", sagt Eva Chlupek. Immerhin: Der Oberbürgermeister spricht inzwischen von konkreten Gesprächen mit einem Interessenten. So stand es zumindest wenig später im Eichstätter Kurier.

Jürgen Uedelhoven, Unternehmer

„Wir wollen die Besten sein."

Fiji Water wird als eines der reinsten Mineralwässer der Welt beworben, gewonnen und abgefüllt auf den Fidschi-Inseln, weitab jeglicher Zivilisation. In den USA sind die blau-grünen Flaschen damit zum Lifestyleprodukt avanciert, doch auch hier in Gaimersheim taugt das Wässerchen, um ein wenig Flair ins ansonsten recht triste Industriegebiet zu bringen. Jürgen Uedelhoven weiß das. Und so gönnt der Firmenchef seinen Geschäftspartnern bei Besprechungen gerne dieses besondere Extra. 1,99 Euro für den halben Liter, was soll`s. Es passt ohnehin zum Selbstverständnis des Unternehmers.

Ein Bild von einem Auto: In den Studios von Jürgen Uedelhoven entstanden schon viele Traumwagen. Mit dem Audi TT begann der Aufstieg.

„Wir wollen die Besten sein, nicht die Billigsten", beschreibt der Mann im Tweedjacket und mit schwarzer Designerbrille die Firmenphilosophie. Mit dieser hat der 55-Jährige den einstigen Handwerksbetrieb seiner Eltern zu einem der führenden Unternehmen für Design- und Ingenieurdienstleistungen im Automobilbau geführt. Als er 1989 dazugekommen sei, hätten sie vier Mitarbeiter gehabt, erzählt er. „Wir waren ein kleines Modellbauunternehmen, Spezialgebiet: Bauteile aus glasfaserverstärktem Kunststoff für die Automobil-Zulieferindustrie." Heute beschäftigen Uedelhoven Studios 350 Mitarbeiter an drei Standorten, Designer, Ingenieure und Modellbauer, aber auch Sattler oder CNC-Fräser.

Showcars für Frankfurt, Genf, Los Angeles oder Tokio

Denn bekannt ist die Firma vor allem für ihre Showcars, nicht unbedingt fahrtaugliche Prototypen, die auf den Automobilschauen in Frankfurt, Genf, Los Angeles oder Tokio für Aufsehen sorgen. Für Mercedes, Lamborghini oder Bugatti sind in 25 Jahren solch zukunftsweisende Traumwagen im Maßstab 1:1 entstanden. Aber freilich vor allem immer wieder für Audi. „Ganz klar unser wichtigster Kunde", sagt Jürgen Uedelhoven. Den Original-TT, das erfolgreiche Sportcoupe aus Ingolstadt, das Mitte der 90er-Jahre auf den Markt kam, bezeichnet der Diplom-Ingenieur als das Schlüsselobjekt. Bei dessen Entwicklung habe man eine entscheidende Rolle gespielt. „Wir haben erstmals Bauteile des Showcar gebaut und der Designprozess lief über unser Haus." Noch heute hängt eine Studie des Flitzers an der Wand des Konferenzraums. Vom Chefdesigner persönlich für Uedelhoven gefertigt.

Nach der Sache mit dem TT ging es nur noch aufwärts. Ob Audi A1 Clubsport oder diverse e-tron-Modelle, die Konzepte entstanden ganz oder teilweise an den Rechnern und in den Werkstätten der Uedelhoven Studios. Sogar der Audi RSQ, eine räderlose Zukunftsvision, mit der Will Smith im Hollywood-Blockbuster „I Robot" eine wilde Verfolgungsjagd erlebt. Die Nähe zum Audi-Werk – keine fünf Minuten sind es bis zur Zentrale in Ingolstadt – sei dabei „durch nichts zu ersetzen". Niemals wäre man sonst so groß geworden, da ist sich der Firmenchef sicher. Und so gibt es durchaus Pläne, sich im Raum Stuttgart und in der Nähe von Wolfsburg ebenfalls niederzulassen. Auch dort sollen ja gute Autos gebaut werden.

Designer aus dem Ausland sind ein Gewinn

Derweil bleibt eine der schwierigsten Aufgaben auch für Jürgen Uedelhoven, genügend Fachleute in die bayerische Provinz zu locken. Dass er seinen Bedarf allein aus einem Landkreis mit Vollbeschäftigung decken könnte, keine Chance. Zumal es wichtig sei, auch Experten aus dem Ausland zu gewinnen, insbesondere für die Designsparte, sagt er. Ob aus China, Südkorea oder den USA, aber vor allen Dingen aus England. „Die denken anders, gestalten anders", weiß der 55-Jährige. Für ihn ist das wenig überraschend. Durch eine anders erlebte Welt in ihrer Heimat hätten diese Designer eine ganz eigene Art, mit Formen und Flächen umzugehen. Ein Gewinn für ihn und sein international aufgestelltes Unternehmen, gar keine Frage.

„Der Krieg der Talente hat schon lange begonnen"

Doch was Uedelhoven mit ausländischen Designern gelingen mag, fällt ihm bei Ingenieuren und Technikern aus Deutschland zuweilen sehr viel schwerer. „Der Krieg der Talente hat schon lange begonnen", sagt er und seufzt. Man jage sich in der Branche gegenseitig die Spezialisten ab, was zu einem immensen Lohnniveau geführt habe. Noch seien, trotz aller Steigerung, die Grundstückspreise im Landkreis Eichstätt nicht das entscheidende Problem, so der Firmenchef. „Es ist das Personal, was es zu einem teuren Standort für uns macht. Rational ist das nicht zu erklären."

Und dennoch reicht Geld als Anreiz heute bei weitem nicht mehr aus, auch darüber hinaus betreibe man einen riesigen Aufwand, berichtet Uedelhoven. Zu einer Recruitingmesse wird dann schon mal ein Shuttle-Service für junge Talente direkt aufs Firmengelände eingerichtet. Annehmlichkeiten wie ein eigenes Firmenrestaurant, Rabatte im Fitness-Studio oder angesagte Rockbands bei den Betriebsfesten sollen den Nachwuchs dann ebenso überzeugen. Doch nicht immer gelingt das. Man habe beispielsweise schon versucht, Leute aus dem Norden zu holen, „aber die sind uns nicht geblieben". Nachvollziehen kann er das wohl: Jürgen Uedelhoven selbst verbringt – obwohl im Landkreis Eichstätt geboren – seine Freizeit heute überwiegend in seiner Münchner Wohnung, das räumt er gerne ein. Fiji Water alleine macht aus Gaimersheim eben doch noch keine hippe Metropole.

Oper und Autodesign haben viel gemeinsam

Und so lebt der Unternehmer sein Faible für die Kunst auch eher nicht in der Region aus. Um „den geistigen Horizont zu erweitern und der Gesellschaft etwas zurückzugeben", unterstützt er finanziell die Festspiele in Bayreuth und die Komische Oper in Berlin. Beides ist für ihn „bestgemachte Kultur", ob als die Wagner-Institution schlechthin oder als kleines Haus mit knappem Budget und dafür ungewöhnlichen Inszenierungen. Zudem: „Oper ist Leidenschaft und Emotion, was auch ein gutes Autodesign ausmacht", sagt Jürgen Uedelhoven. Und warum nicht Unterstützung für den örtlichen MGV Liederkranz Gaimersheim beispielsweise? Ach ja, die Sache mit der Firmenphilosophie. „Wir", betont der Kulturbegeisterte, „machen nur Topsachen."

Jacqueline Dotzer, Studentin

„Das Katholische spielt keine Rolle."

Eineinhalb Jahre hat Jacqueline Dotzer gebraucht, um in der Stadt wirklich anzukommen. „Am Anfang habe ich mich gar nicht wohl gefühlt", bekennt sie. Doch das hat sich längst geändert. Mit ihren Freundinnen Annika und Julia sitzt die Studentin heute vor der Mensa der Katholischen Universität; sie genießt, in der Sonne sitzend, ihre Pause zwischen zwei Lehrveranstaltungen. Dass sie über Stadt und Uni nun beinahe ins Schwärmen gerät, ist allerdings nicht nur dem guten Wetter geschuldet. Sie weiß mittlerweile, warum es ihr anfänglich so gar nicht gut ging, hier in Eichstätt und an der KU: „Ich habe schlicht das Falsche studiert."

Wahl zwischen Pizza und Pasta: Studentin Jacqueline Dotzer gefällt die Stadt, auch wenn das Studentenleben in nur zwei Kneipen stattfindet.

Für einen Lehramtsstudiengang hatte sich die heute 24-Jährige damals eingeschrieben. Ein Fehler, wie sie ziemlich schnell erkannte. Alles sei darin vorgeschrieben gewesen, jedes Seminar und jede Vorlesung, erinnert sie sich. Dazu noch „ein ausgeprägtes Konkurrenzdenken unter den Lateinern". Die junge Frau schüttelt den Kopf. Nein, das war gar nichts für einen Freigeist wie sie. Der Entschluss zu wechseln war schnell gefasst – und für sie die einzig richtige Entscheidung.

„Ich kann machen, worauf ich Lust habe."

Nun studiert Jacqueline Dotzer einen so genannten Flexiblen Bachelor, Haupt- und Nebenfächer lassen sich dabei fast beliebig miteinander kombinieren. Sie hat sich für Italienisch und Geschichte in den Hauptfächern entschieden, im Nebenfach als besonderes Extra fürs Studium Generale. „Da kann ich dann wirklich machen, worauf ich Lust habe ", sagt sie. Für die junge Frau mit der markanten Brille „die einzig wahre Art zu studieren". Vergleichbares gebe es ihres Wissens nach höchstens an zwei, drei Hochschulen in Deutschland, erzählt sie. Und eben ausgerechnet auch hier, an der einzig katholischen Universität der Republik.

Für die Studentin nicht überraschend. Ihre Hochschule stehe nicht ohne Grund in vielen Rankings ganz weit oben. Erst Anfang 2015 hat die Uni etwa als erste in Bayern überhaupt das so genannte EMAS-Zertifikat der EU erhalten. Damit wurde sie für die Entwicklung und Etablierung eines Umweltmanagementsystems ausgezeichnet, denn seit 2010 hat man sich per Leitbild der Nachhaltigkeit verschrieben. Ein Konzept, das eher an grüne, denn schwarze Politik denken lässt. Und in der Tat: Das Katholische, versichert die Studentin, „spielt im Studienalltag keine Rolle, auch bei den Dozenten nicht". Sie selbst habe vorher auch überhaupt nicht darüber nachgedacht. Nur anderen gegenüber müsse sich sie nun immer wieder erklären. Sie seufzt.

Dabei ist die 24-Jährige wirklich zufrieden, nicht nur mit der Uni, die abstrakt-moderne Vorlesungsräume mit den barocken Bauten der Verwaltung kombiniert. Auch mit dem Städtchen dahinter hat sie sich angefreundet. Dotzer stammt aus Hilpoltstein, Mittelfranken, keine 50 Kilometer entfernt von Eichstätt und mit gut 13.000 Einwohnern genauso groß. Oder besser: klein. Stimmt, sagt sie dann. Studentenkneipen gebe es hier genau zwei. Der Irish Pub in der Altstadt fällt ihr ein und „Die Theke", die von der Katholischen Hochschulgemeinde betrieben wird. Vielleicht würde sie mehr rausgehen, wenn es mehr Angebote gäbe. Vielleicht aber auch nicht. „Für mich als bekennende Stubenhockerin bietet die Stadt genug Möglichkeiten."

Ein einziges Gespräch – und sie hatte einen Job

Auch die Annehmlichkeiten der hiesigen Arbeitswelt hat Jacqueline Dotzer bereits kennengelernt. Auf der Suche nach einem Job neben der Uni sei sie damals gleich in den erstbesten Laden reingegangen, den Edeka am Marktplatz. „Und am nächsten Tag habe ich dort angefangen." Kein einziges Bewerbungsschreiben, ein einziges Gespräch war dafür nötig. Die Studentin kann sich nicht vorstellen, dass das in einer Großstadt genauso leicht gewesen wäre.

So kann sie es gut verschmerzen, dass es in Eichstätt nur ein kleines Kino gibt und kein Theater. Nur ab und an gebe es interessante Veranstaltungen im Alten Stadttheater, dem Kulturzentrum „Asthe", wie sie hier sagen. Sie sei ohnehin nicht so die Theatergängerin, meint Dotzer. „Ich bin eher eine Köchin." Während sie als Vegetarierin in den hiesigen Gaststätten nur „die Auswahl zwischen Pizza und Pasta" hätte, trifft sie sich stattdessen lieber häufiger mit Freunden. „Und dann habe ich Muffins gebacken oder bringe was fürs Picknick mit." Ihr Leben drehe sich schon ziemlich häufig ums Essen, gibt sie lachend zu.

Da passt es ins Bild, dass sich Jacqueline Dotzer derzeit neben-her zur ganzheitlichen Ernährungsberaterin ausbilden lässt. Ein Seminar zur Entspannungstrainerin hat sie zudem zwischen ihren Studiengängen absolviert, Qigong, progressive Muskelentspan-nung, solche Dinge. In einer Welt, die immer schnelllebiger werde, sei es wichtig, entspannende Elemente einzubauen, glaubt sie. Jetzt, kurz vor dem Bachelor, nutze sie diese Techniken für sich, „um vor Prüfungen schlafen zu können".

Ein halbes Jahr Auszeit nach dem Bachelor

Wie es nach dem Abschluss weitergeht, weiß die Studentin noch nicht. Klar ist lediglich, dass sie für den Master dann doch in eine größere Stadt wechseln will. Naja, was für sie halt größer bedeutet: Passau könnte sie sich vorstellen. Dazwischen möchte sie sich aber zunächst ein halbes Jahr Zeit geben, das hat sie sich fest vorge-nommen. „Um ein Buch zu schreiben", wie sie verrät. Ideen hätte sie auch für einen Roman, doch als erstes will sie ein Kinderbuch in Angriff nehmen, dessen Geschichte sie schon seit ihrer eigenen Kindheit entwickelt hat. Wo es sie danach beruflich hintreibt? Die junge Frau denkt nach. Etwas im Bereich Organisation an einem Institut könnte sie sich vorstellen, sagt sie dann. Doch auch der Traum von der freiberuflichen Autorin sei da. „Im Landhaus, mit zwei, drei Katzen und einer kleinen Familie." Den passenden Mann für diese Pläne hat Jacqueline Dotzer bereits gefunden. Am Rest arbeitet sie noch.

Stefan Menzel, Staplerfahrer

„Zeitarbeitsfirmen machen alles kaputt."

Stefan Menzel trägt Gips. Vor zwei Wochen ist er bei seinem Job als Staplerfahrer beim Absteigen hängen geblieben und auf die Seite gekippt. Die Folge: Ein Sprunggelenks- und Knöchelbruch, eine komplizierte Sache. Rund sechs Wochen werde er wohl nicht arbeiten können, habe ihm der Arzt damals gesagt. Doch das muss Menzel derzeit auch gar nicht mehr. Ein Tag nach dem Unfall hat ihm seine Zeitarbeitsfirma gekündigt. Fristlos. „Natürlich haben sie die Verletzung und die Krankschreibung nicht als Grund angegeben", sagt er. „Aber es spricht doch alles dafür."

Opfer der Dynamik: Stefan Menzel wurde nach einem Arbeitsunfall fristlos gekündigt. Nun sitzt er im Jobcenter statt auf dem Stapler.

Der 36-Jährige aus dem Stadtteil Denkendorf hat damit die Schattenseiten eines Landstrichs kennengelernt, der eigentlich händeringend nach Fachkräften sucht. Doch Flexibilität scheint einigen Unternehmen noch wichtiger zu sein. „Was ich schlimm finde, was alles kaputt macht, das sind die vielen Zeitarbeitsfirmen und Personalvermittler", sagt er. Allein in Ingolstadt finde man in den Gelben Seiten 30 Stück. Nach seiner Erfahrung werde doch kaum noch jemand direkt eingestellt. Er glaubt auch den Grund zu kennen: „Als Leiharbeiter verdienst du erst mal weniger, das ist Fakt. Dazu kommt, dass du in den ersten Monaten jederzeit gekündigt werden kannst." Wenn einen die Firma nicht mehr brauche, sei man innerhalb von einer Woche weg, das hat Menzel oft genug gesehen und erlebt.

Kündigung kurz vor der Festanstellung

Deshalb hatte sich Stefan Menzel bis vor kurzem auch so gefreut: Nur noch wenige Wochen, dann wäre er ein halbes Jahr im Betrieb gewesen und – davon geht er aus – fest von seinem Arbeitgeber übernommen worden, weg von der unsäglichen Zeitarbeit. Und jetzt das. Statt auf seinem Arbeitsgerät sitzt er nun seit über einer Stunde im 3. Stock des Eichstätter Jobcenters auf dem Gang, gehört plötzlich zu den 1,3 Prozent Arbeitslosen der Region. Weil er noch keine 12 Monate Arbeit innerhalb der letzten zwei Jahre nachweisen kann, hat er nicht einmal Anspruch auf Arbeitslosengeld. Was bleibt ist Hartz IV. Unten im Amt hat er einen entsprechenden Antrag ausgefüllt, hier oben soll er ihn nun abholen.

„Man wird von A nach B geschickt", klagt Menzel. „Das ist total verschwendete Zeit." Zwei Stunden wird er am Ende allein auf den Behördengängen verbracht haben. Dabei wartet draußen sein Vater im Wagen, der sollte ihn eigentlich zur Physiotherapie bringen. Dass ihm hier im Amt eine Arbeit vermittelt wird, daran glaubt Menzel nicht. Er geht vielmehr davon aus, dass er, sobald er wieder arbeitsfähig ist, seinen alten Job zurückbekommt. „Nur die Lohnfortzahlung, die haben sie sich dann gespart."

So kommt Stefan Menzel immerhin mal wieder in die Kreisstadt, er ist selten dort. Im beschaulichen Denkendorf mit kaum 5000 Einwohnern, eine gute halbe Stunde von Eichstätt entfernt, ist Menzel aufgewachsen, dort ging er zur Grund- und später auch zur Hauptschule. KfZ-Mechaniker hat er anschließend gelernt, „aber das war nicht so mein Ding", wie er meint. Er sei dann ziemlich schnell Staplerfahrer geworden, das liege ihm mehr. Tja, wenn man ihn denn lässt.

Jetzt hat er wenigstens Zeit für Online-Spiele

Ein Gutes hat die erzwungene Auszeit für Menzel allerdings doch: Nun hat er mehr Zeit fürs Online-Spielen am Computer. Unter anderem mit World of Warcraft verbringt er seit rund zehn Jahren den größten Teil seiner Freizeit. „Das ist eine Sucht mittlerweile", räumt er ganz offen ein. Aber man könne auch viel erreichen. Er nennt es „einen Kick, wenn man das Punktecap nach oben schraubt". Und es seien ja durchaus reale Gegner, gegen die man antrete. Das könne ein Polizist aus Kalifornien sein oder ein Feuerwehrmann aus Sidney. „Man weiß es nicht. Man merkt nur, ob der andere besser ist." Und das genau sei der Reiz: Besser sein zu wollen als der Widersacher, der virtuelle Feind.

Keine Diskussionen, keine Kompromisse

Gestört wird Stefan Menzel bei seinen Online-Kämpfen nicht. Er ist ledig, hat keine Kinder. „Das ist auch besser so", meint er und grinst. „Ich muss mich vor niemandem rechtfertigen." Keine Diskussionen, keine Kompromisse. In Urlaub fährt er beispielsweise am liebsten alleine, um sich einfach an den Strand zu legen. An Städten, Kirchen oder Museen, daran hat er zumindest in den Ferien wahrlich kein Interesse. Andere Vorlieben fallen ihm spontan ebenfalls keine ein. Fußball, erzählt er dann, habe er mal eine Zeitlang gespielt, aber irgendwann die Lust verloren. Kurz nach der Schule bereits. Am Rechner dagegen hat ihn die Begeisterung nie verlassen. Ein Problem erkennt er in seinem Spielverhalten aber nicht. „Wenn ich den Compi ausmache, dann bin ich wieder in der realen Welt", versichert er. Auch für seine Freunde sei das okay so. „Ich bin akzeptiert, da gibt`s keine Probleme."

Um seine Zukunft ist ihm nicht bange

Mit den Spezis, wie er sie nennt, trifft er sich in der Regel alle zwei Wochen, im Sommer vor allem zum Grillen. Mehr sei nicht drin. „Die arbeiten ja auch die meisten Wechselschichten, und da muss man gucken", meint er. Außerdem, fügt er an, hätten die Freunde fast alle eine Partnerin. Für ihn derzeit dennoch keine Option. Für Flirts sei er offen, das schon, aber nicht für etwas Festes. „Ich habe zurzeit einfach keinen Bock drauf, jemanden in meine Welt reinzunehmen".

Nein wirklich, sagt der 36-Jährige dann noch einmal mit Nachdruck. Er sei mit seinem Leben glücklich und zufrieden. „Bis auf die Sache mit meinem Bein. Klar." Doch das wird sich bald wieder eingerenkt haben, im wahrsten Sinne, davon geht er aus. Um seine Zukunft ist ihm deshalb nicht bange. „Wer bei uns Arbeit sucht", sagt überraschend auch der Arbeitslose, „der findet auch welche." Zumindest auf Zeit.

Helmut Kirschner, Rentner

„Wir hatten eine Kuh, sonst nur Geißen."

Kaldorf ist klein, knapp 300 Einwohner, zwei Gaststätten, ein Reiterhof, eine schmucke Kirche von 1710. Für Helmut Kirschner aber ist Kaldorf die Welt. Der 75-Jährige hat schon sein ganzes Leben in dem Flecken verbracht, der 1978 nach Markt Titting im Norden des Landkreises Eichstätt eingemeindet wurde. Obwohl, ganz stimmt das nicht, wie er sich selbst korrigiert. Zwei Jahre lang, Mitte der Sechziger war das, da hat er mal in München gelebt. „Aber länger hätte ich es in der Stadt nicht ausgehalten", sagt er und schmunzelt. Der Mann weiß, wo er hingehört.

Die ganze Welt in Kaldorf: Helmut Kirschner hat den wirtschaftlichen Aufschwung von Anfang an mitbekommen. Er wollte nie woanders leben.

Hier, in seinem Haus mit großem Garten, das er 1975 gebaut hat, lässt es sich zweifellos leben. Der Rentner und seine Frau genießen es vor allem, wenn die beiden Enkel vorbeischauen, sie wohnen gleich nebenan. Und auch wenn aus seiner Generation fast jeder Eigentum hat, wie er sagt, vorgezeichnet war das nicht unbedingt, als er Anfang der 40er-Jahre in Kaldorf aufgewachsen ist. Fünf Kinder seien sie gewesen, er der Jüngste, erzählt er. „Wir waren nicht reich. Wir hatten eine Kuh, sonst nur Geißen." Ein gutes Leben, das macht er klar, war es trotzdem. Auch wenn der große Aufschwung im Kreis erst später einsetzte. Viel später.

In den 50er-Jahren sah es nicht gut aus mit der Arbeit

Denn als Helmut Kirschner 1954 die Schule beendete, sah es nicht gut aus mit der Arbeit, wie er sich erinnert. Es gab zwar schon ein paar kleine Steinbrüche, die großen kamen jedoch erst gegen Ende des Jahrzehnts. Und deshalb hat der Junge aus Kollof, so lautet der alte Dorfname, zunächst im Nachbarort Petersbuch Schmied gelernt. Eisenbeschläge für die damals noch üblichen Pferdefuhrwerke in der Landwirtschaft hätten sie vor allem hergestellt. „Wir haben ja viel Wald in der Gegend." Doch auch von den Steinbrüchen, die heute noch direkt hinter Kaldorf beginnen, hat er später indirekt gelebt: Werkzeuge für die Keile, mit denen die Marmorblöcke damals abgesprengt wurden, entstanden in der Schmiede seines Chefs. Bis etwa 1960 hätten sie das alles noch mit der Hand gemacht, erklärt er. Die kurz nach ihm Geborenen im Dorf hätten dann viele direkt im Steinbruch angefangen. „Das war ja oft Handarbeit, da musste man noch viel schaufeln", meint er. „Heute passiert das alles per Hydraulik und mit riesigen Ladern."

Qualifizierte Arbeitskräfte braucht es in den Steinbrüchen deshalb heute immer weniger. Zudem: „Das machen immer häufiger Ausländer", wie er erfahren hat. Die Jungen aus dem Dorf ziehe es nun vielmehr nach Ingolstadt zum Studieren oder sie machten eine

Ausbildung in der Region. „Viele gehen inzwischen in den Maschinenbau", sagt er. „Zu Weitner in Eichstätt oder gleich zu Audi." Auch einer seiner Söhne arbeitet dort. Angefangen habe der Aufschwung Mitte der Siebziger Jahre, sagt Kirschner. Er erinnert sich noch gut, wie damals ein Bus über die Dörfer gefahren sei. „Der hat die Mitarbeiter eingesammelt und sie dann nach Ingolstadt gebracht." Heute haben freilich fast alle ein eigenes Auto. Ob sie sich aber auch ein eigenes Häuschen leisten können, so wie er, mag der Rentner nicht abschätzen. „Es ist auf jeden Fall schwieriger geworden."

Beim Jagen erlebt er die Natur und entspannt

Helmut Kirschner hat das alles noch erreicht, obwohl seine Erwerbsbiographie einige Schlenker aufweist. Nach der Bundeswehrzeit ging er für die erwähnten zwei Jahre nach München und fing dort zunächst in einem KFZ-Betrieb an. Das hat er nach seiner Rückkehr in die Region weiter so gehalten, arbeitete erst als KFZ-Mechaniker in einer Autowerkstatt in Eichstätt, später hat er 35 Jahre lang bis zur Rente dort das Lager verwaltet. Der Ausflug in die Landeshauptstadt prägte ihn allerdings nicht nur beruflich, für ihn war er noch aus einem weiteren Grund von Bedeutung: „Ich habe damals meine Jägerprüfung gemacht", erzählt er mit einem Strahlen. „Und das ist bis heute mein Hobby geblieben."

Eine eigene Jagd hatte der Kaldorfer zwar nie, aber durch beständige Mitarbeit – ob beim Wild füttern oder beim Hochsitz bauen – konnte er immer unentgeltlich mit anderen auf die Jagd gehen. Vor allem Rehe gibt es laut Kirschner in der Gegend, Hasen immer weniger, Rebhühner mittlerweile gar keine mehr. „Erst gestern war ich wieder draußen", berichtet er. „Habe aber nichts geschossen." Für ihn ist das auch nicht entscheidend, es geht ihm vor allem um Entspannung. Es habe Jahre gegeben, in denen er überhaupt kein Wild erlegt habe. Aber wenn er nur einen Hasen sehe oder einen

Specht höre, „dann freut man sich". Im Wald zu sein, oft stunden-
lang, und dabei die Vögel beobachten, das sei er schon von Kin-
desbeinen an gewohnt. Er kenne sie alle: „Goldammer, Blaumeisen
oder Bachstelzen."

Vereine, Traditionen und die Kirche sind wichtig

Es ist seine Verbundenheit mit der Natur, die Helmut Kirschner
sich hier so heimisch fühlen lässt. Und der Zusammenhalt der
Menschen. Vereine, Tradition, kirchliches Leben, das hat alles
noch Bedeutung. Kirschner selbst etwa geht jeden Freitag zum
Kirchenchor und immer montags ist Probe bei den Jagdhornblä-
sern. Seit 1964 mache er das schon, erzählt er. „Die Bläsergruppe ist
im Landkreis bekannt." Nicht nur zur Hubertusmesse seien sie
gefordert, auch bei den zahlreichen Hegeringen, also den anderen
Jagdbezirken in der Region, würden sie zu feierlichen Gegebenheiten häufig angefragt. Doch es gibt auch traurige Anlässe, zu denen
er mit seinen Musikerkollegen zum Instrument greift. „Ich woiß
net", sagt er im Dialekt, „bei wie vielen ich scho` ins Grob nei blosn
hob". Der 75-Jährige wirkt plötzlich nachdenklich. „Ich wäre froh,
wenn es noch ein Weile so bleiben würde", sagt er dann. So lange
er zur Bläsergruppe könne und mit dem Fahrrad unterwegs sein,
sei alles in Ordnung.

Und manchmal holt sich der Rentner auch gerne die große in
seine kleine Welt. Bei Dorffesten oder im Gasthaus beispielsweise
setzt Helmut Kirschner sich oft ganz bewusst zu Fremden an den
Tisch. „Das ist für mich interessant, da kommt man auf neue
Ideen", ist er überzeugt. Dafür lässt er dann auch für kurze Zeit die
Dorfgemeinschaft Dorfgemeinschaft sein. „Die anderen", sagt er
und muss lachen, „die kenne ich ja schon."

Stefanie Ehrl, Altenpflegerin

„Ich werde nie ein Stadtkind sein."

Heute hat Stefanie Ehrl gelitten. Sie war am Morgen mit ihrer zwei Monate alten Tochter Vanessa beim Impfen. „Es war das erste Mal, ich war schon aufgeregt", gibt sie zu. Nicht nur, weil Vanessa ihr erstes Kind sei. „Ich habe selber Angst vor Spritzen und hab auch bei ihr die Augen zugemacht." Doch jetzt liegt das Baby friedlich schlummernd im Kinderwagen, hat die Prozedur offensichtlich gut weggesteckt. Ihre Mama gönnt sich nun einen Milchkaffee in der Espressobar direkt am Eichstätter Dom. Zur Beruhigung. „Und zur Feier, dass wir das überstanden haben", sagt sie und lächelt ihre Tochter an. Es ist ein guter Tag, ach, es ist eine gute Zeit.

Auszeit mit Baby: Der Arbeitgeber von Stefanie Ehrl wollte die Altenpflegerin schnellstmöglich in den Job zurückholen, doch sie hat abgelehnt.

Die 26-Jährige aus dem Dörfchen Workerszell, knapp zehn Minuten von der Kreisstadt entfernt, führt nämlich genau das Leben, das sie sich einst vorgestellt hat: Mann, Kind, Eigenheim. Vor gut zwei Jahren haben sie und ihr Verlobter „oben am Berg" ein Häuschen mit Garten gekauft, wie sie erzählt. Sie zeigt lachend ihren Sonnenbrand auf den Oberarmen. „Vom Rasenmähen." Gut, gibt sie zu, mit Kind müsse man sich nun zwar finanziell ein wenig einschränken, es sei am Haus auch noch einiges zu tun. Zurzeit seien sie beispielsweise dabei, das Obergeschoss als Kinderzimmer auszubauen „und so eine Fußbodenheizung ist schon ein echter Kostenfaktor". Doch sie wolle das gar nicht anders. „Ich fühle mich da unheimlich wohl, die Nachbarn sind extrem hilfsbereit. Ich möchte nicht mehr weg."

Das Leben in Eichstätt war ihr zu unruhig

Nur kurz hat Stefanie Ehrl, die im ebenso nahen wie beschaulichen Breitenfurt groß geworden ist, von einem Leben in der Stadt geträumt. Bis zum Hauskauf haben sie und ihr Verlobter dann auch tatsächlich für zwei Jahre in Eichstätt gewohnt, zur Miete. Ihr ist klar, dass sie sich hier im Zentrum ohnehin kein Eigentum leisten könnten. Nicht mit ihren beiden Einkommen: er als Natursteinschleifer im Steinbruch, sie als Altenpflegerin in der Pflegestation der Eichstätter Klinik. Gute Berufe, keine Frage, aber als Grundlage für ein Domizil in der Innenstadt dennoch mittlerweile kaum mehr ausreichend.

Das allerdings findet die junge Mutter inzwischen nicht mehr schlimm. Theater oder Konzerte, das war für sie sowieso nie groß ein Thema, und damit vermisst sie ein solches Angebot in ihrer Nähe auch nicht. Wenn überhaupt, ging es vor Vanessas Geburt vielleicht mal ins Kino, erzählt sie. „Aber dann sind wir doch meistens ins Cinestar nach Ingolstadt" – womit einer der Pluspunkte für die Kreisstadt wieder verpufft wäre. Und auch wenn sie

Eichstätt eher für ein großes Dorf hält, war es ihr in den zwei Jahren dort, wenn sie ehrlich ist, trotzdem schon zu unruhig. Ihre Erkenntnis aus dieser Zeit: „Ich werde nie ein Stadtkind sein."

„Man lebt zusammen, steht zusammen."

Und so genießt sie nun das Dörfliche, die Gemeinschaft in Workerszell, dort, wo in den 1950er-Jahren in einem Steinbruch die berühmten Fossilien des Urvogels Archaeopteryx gefunden wurden, die jetzt im Juramuseum auf der Willibaldsburg gezeigt werden. „Man lebt zusammen, feiert zusammen, steht zusammen", sagt Stefanie Ehrl etwas pathetisch. Das sei dann allerdings auch gleichzeitig der Nachteil ihres jetzigen Lebens, räumt sie ein: Dass jeder über jeden Bescheid weiß. „Man muss sich schon überlegen, was man sagt oder macht", meint sie und verdreht ein wenig die Augen. Wenn sie sich was wünschen dürfte, dann, dass die Leute insgesamt ein wenig offener wären, dass sie auch mal was von anderen annehmen könnten. „Der Eichstätter ist schon stur." Doch wirklich beklagen will sich die 26-Jährige nicht. Denn das Leben in und mit der Natur gleicht diese Einschränkungen für sie locker wieder aus. Sie habe als Kind selbst viel draußen gespielt, mit vielen anderen Kindern, „und das wünsche ich Vanessa auch".

Betreuungsengpässe erwartet die Mutter nicht

Die Chancen dafür stehen gut. Im Dorf seien derzeit viele Kinder, auch wenn überall geklagt werde, dass es zu wenige gebe, sagt Stefanie Ehrl. „Bei uns sicher nicht." Dass es deshalb später Engpässe bei der Betreuung geben könnte, erwartet sie dennoch nicht. Die meisten Mütter würden ihre Kinder ohnehin erst mit drei Jahren in den Kindergarten schicken, dann sei das in der Regel kein Problem. Sie selbst will auch mindestens zwei Jahre aussetzen, das hat sie sich vorgenommen. Ihr Arbeitgeber allerdings wünschte sich das anders. Die Klinik, erzählt sie, hätte ihr schriftlich angeboten, ein Teil der Betreuungskosten zu übernehmen, wenn sie schnellstmöglich wieder zurückkommt. Doch sie hat abgelehnt. „Dafür gehen wir jetzt zum Babyschwimmen." Sie lacht.

Nicht dass man sie falsch versteht: Die Altenpflegerin liebt ihren Job. Er sei nicht nur „der Zukunftsberuf überhaupt", sie mache ihn auch mit Leidenschaft und Überzeugung. Sicher, gerade im Drei-Schicht-Betrieb gehe die Arbeit psychisch und körperlich schon an die Substanz und man sei im Prinzip unterbezahlt. „Dafür gehe ich immer mit dem Gefühl heim: Jetzt habe ich den alten Leuten wieder was Gutes getan." Für sie ist es daher gar keine Frage, dass sie wieder in ihren Beruf zurückkehren wird. Später.

„Die Männer brauchen ihre Arbeit."

Im Moment genießt Stefanie Ehrl einfach ihre Elternzeit. Dass auch ihr Verlobter diese hätte nehmen können, ist ihr dabei gar nicht in den Sinn gekommen. „Dass die Männer Erziehungszeit nehmen, das kenne ich nicht. Von keinem", sagt sie – und findet das nicht weiter verwunderlich. Meistens sei ja der Mann der Hauptverdiener der Familie. Und überhaupt: „Die Männer brauchen ihre Arbeit", glaubt sie. Das sei auch in Ordnung so, sie sei damit zufrieden. Das Kind gehöre zur Mutter. Sie lächelt noch einmal ihre Tochter an, die inzwischen wachgeworden auf ihrem Arm liegt. „Ja, in diesem Punkt bin ich eher konservativ."

.

Eduard Liebscher, Hotelier

„Wir haben uns gemeinsam hochgeschaukelt."

„Ich war politisch nie aktiv", sagt Eduard Liebscher und verzieht dabei keine Miene. Formal ist dies auch völlig korrekt. Der 65-Jährige war nie im Stadtrat etwa, gehörte auch nie einer Partei an. Dass er deshalb keinen Einfluss auf die Stadt Beilngries, seine Stadt, genommen hätte, wäre jedoch schlicht die Unwahrheit. Liebscher ist nicht nur einer der führenden Hoteliers am Platze, er ist zudem Gremiumsvorsitzender der IHK Eichstätt, Zweiter Vorsitzender im Kreis-Wirtschaftsbeirat, er führt den Touristikverband der Stadt und sitzt seit 25 Jahren im Vorstand des Pfarrgemeinderats. Man muss kein Politiker sein, um Politik zu betreiben. Liebscher ist dafür das beste Beispiel. Und er weiß es.

Politik ohne Parteibuch: Eduard Liebscher hat nicht nur als Hotelier Einfluss auf Beilngries genommen. Die Stadt ist längst Urlauberhochburg.

Heute hat er sich aber mal etwas Zeit genommen, um den Erfolg der Kommune im Norden des Landkreises Eichstätt zu erklären. Oder es zu versuchen. Nur etwas mehr als 8000 Einwohner hat die Kleinstadt, doch längst ist sie zum touristischen Zentrum des gesamten Altmühltals geworden. 275 000 Übernachtungen zählt Beilngries im Jahr, allein das Hotel Gams von Eduard Liebscher, formal vor zehn Jahren an den Sohn übergeben, wurde in den vergangenen 40 Jahren mehrfach erweitert. „Ich hatte Glück, dass ich mehrere Nachbargebäude dazukaufen konnte", erzählt der Gastronom. „Angefangen habe ich mit einem kleinen Wirtshaus. Heute haben wir 62 Zimmer und 180 Sitzplätze im Restaurant." Ein Erfolg, der so nicht abzusehen war. Für keinen in der Stadt.

Alle Ämter, alle Institutionen waren plötzlich weg

Früher war man Oberpfalz, zudem Kreisstadt eines eigenen Landkreises, wie Eduard Liebscher erzählt. Doch bei der Gebietsreform 1972 wurde die Stadt dem neu geschaffenen Kreis Eichstätt zugeschlagen, mit allen Konsequenzen. „Wir gehörten jetzt nicht nur zu Oberbayern, auch alle Ämter, alle Institutionen wurden uns genommen. Viele Beamte zogen weg", klagt der Hotelier noch heute. Doch da mit Jammern noch keiner erfolgreich war, haben er und vier weitere Hotelbetreiber einfach reagiert. „Wir mussten uns etwas einfallen lassen und haben deshalb den Touristikverband gegründet." Mit dem Leitspruch „Komm und genieß Beilngries" haben sie damals Flyer drucken lassen, sind gemeinsam auf Fachmessen und Touristikbörsen gefahren, sie haben groß die Werbetrommel gerührt und zusammen Marketing gemacht. Während andernorts sich Gastronomen im Wettkampf verschlissen hätten, „haben wir uns in gesunder Konkurrenz gemeinsam hochgeschaukelt", sagt Liebscher.

Sicherlich hat der Anfang der 80er-Jahre eröffnete Altmühltal-Radweg, der von Rothenburg ob der Tauber bis nach Kehlheim führt, ebenfalls seinen Beitrag geleistet zum Erfolg. Auch der lange umstrittene Main-Donaukanal, der direkt an Beilngries vorbeiführt, eröffnete neue Möglichkeiten. Man muss sie jedoch auch erkennen. Und so hat die Stadt heute neben Sehenswürdigkeiten wie dem Schloss Hirschberg oder mittelalterlichen Wandmalereien in der Kirche St. Vitus nicht nur einen eigenen Flugplatz, sogar mit einem Yachthafen und einem Golfplatz wartet die Kommune auf. Allerdings werde das Geschäft mit den Urlaubern immer kurzfristiger, weiß Liebscher. Man sei wegen der Radtouristen beispielsweise sehr vom Wetter abhängig. „Viele lassen ihre Entscheidung, ob sie tatsächlich kommen, bis zum letzten Tag offen. Dagegen stehen aber 40 Mitarbeiter, die man entsprechend einteilen muss."

Aus einst 90 Bewerbungen wurden 15

Um etwas unabhängiger zu werden, vor allem auch in den ansonsten eher mauen Wintermonaten, ist das Hotel Gams vor einiger Zeit schon ins Geschäft mit Tagungen und Seminaren eingestiegen. Allerdings: Genügend Personal zu finden, wird immer schwieriger. „Früher bekamen wir jährlich 90 Bewerbungen für Ausbildungen, heute sind es noch 15, aus denen wir fünf auswählen müssen", sagt der Hotelier. Und so war es für ihn gar keine Frage, dass er sich an einem Projekt beteiligt, das jungen Spaniern aus der Partnerregion Sierra de Maria Los-Vélez Arbeitsmöglichkeiten im Landkreis eröffnen soll.

„15 von ihnen lernen gerade Deutsch, denn die Sprache ist das wichtigste", sagt Eduard Liebscher. Er würde sich freuen, wenn man fünf von ihnen dann in unterschiedlichen Betrieben in Beilngries unterbringen könnte. Als erfolgreicher Unternehmer spüre er nämlich Verantwortung für Menschen, denen es nicht so gut geht. „Und in Spanien mit 50 Prozent Jugendarbeitslosigkeit wird gerade einer ganzen Generation die Lebenschance genommen", betont der 65-Jährige. Wie zufrieden denkt er dabei an seine eigenen 154 Auszubildenden, denen er im Laufe der Jahre „eine Zukunft ermöglicht hat".

Auf das Erreichte ist Eduard Liebscher stolz, das ist ihm anzumerken. Auch, dass sein Haus nun 220 Jahre besteht und dass sein Sohn mit seiner Frau die Tradition fortführt, mittlerweile in der achten Generation. „Meine ist die erste, die keinen Krieg erlebt hat", sagt er und ist auch dankbar. „Dafür, dass wir wählen dürfen zum Beispiel. Das ist ein Privileg. Ich verstehe nicht, dass manche das nicht erkennen." Und so dient ihm das eigene Haus als Inbegriff der Demokratie, wo der Bauarbeiter ebenso Gast sei wie das Vorstandsmitglied, der Schnupfclub genauso wie der Lions-Club. „Hier wird jeder respektiert", betont er. „Das ist das Schöne in einer gesunden, gewachsenen Stadt."

Zehn Kilometer weiter kosten Bauplätze die Hälfte

Dass sich dies rumspricht, hat jedoch auch Schattenseiten. Der leitende Audi-Mitarbeiter ziehe häufig lieber hierher, statt nach Ingolstadt. „Er hat ja bei uns alles, bis hin zum Gymnasium für die Kinder", sagt Liebscher. Die Folge allerdings seien extrem teure Bauplätze. Innerhalb von zwei Jahren hätten diese sich verdoppelt, lägen derzeit bei 450 Euro für den Quadratmeter. Zehn Kilometer weiter kosteten vergleichbare Grundstücke nur die Hälfte. Keine Frage, sagt Eduard Liebscher, es passiere mittlerweile häufiger, dass Leute gezwungenermaßen aus Beilngries rausziehen. Man werde damit auch Opfer des eigenen Erfolgs. In einem aber ist er sicher: „Wir hätten das nicht verhindern können."

Blick auf Beilngries vom Schloss Hirschberg aus: Die Stadt profitiert von der Natur und der Wirtschaftskraft gleichermaßen.

Die Fassade des Rathauses von Gaimersheim (links). Die Kirche, hier St. Andreas in Kaldorf, spielt im Kreis nach wie vor eine große Rolle.

Der Landkreis

Uckermark

Brandenburg

34 Kommunen

121.000 Einwohner

15,2 Prozent Arbeitslose

Boote am Unteruckersee Nahe Röpersdorf. Der See ist der drittgrößte Brandenburgs und eines der Naherholungsgebiete der Uckermark.

Kunstvoll befahrene Felder nahe der Kleinen Heide bei Prenzlau (links). Das Prenzlauer Tor in Templin beherbergt das Museum der Stadt.

Ausblutende Schönheit

In der Uckermark ist jeder Sechste ohne Arbeit. Doch ein paar Unverzagte stemmen sich gegen den Niedergang.

Die Abendsonne taucht die Boote am Ufer des Unteruckersee in ein berückend schönes Licht. Das Wasser ist klar, die Luft frisch, am Horizont zeichnen sich die Doppeltürme der Marienkirche in Prenzlau ab, diesem restaurierten Kleinod aus dem 14. Jahrhundert. Zwei Männer um die Sechzig packen gerade am Steg ihre Angelruten ein, gefangen haben sie heute nichts. Zwei Jungen kommen mit ihrem Fahrrad vorbei, einer hat einen Fußball auf dem Gepäckträger, am Schutzblech prangt ein Aufkleber von Borussia Dortmund. Es ist Zeit fürs Abendbrot, eine entspannte Stimmung scheint hier, hinter dem Örtchen Röpersdorf in der Uckermark, über dem Ufer zu liegen. Doch dieser Schein trügt. Einer der beiden Angler hat schlechte Laune.

Ja sicher, sagt er auf sein Hobby angesprochen. Natürlich habe er Zeit zum Angeln. Er sei mit seinen 61 Jahren nämlich schon seit über zwei Jahren im Vorruhestand. Unfreiwillig. Wo genau er gearbeitet hat, will er nicht verraten. „In der Verwaltung", sagt er nur. Doch da hätten sie für einen wie ihn ja keine Verwendung mehr. „Und jetzt sitz ich da mit meiner kleinen Rente." Die Wende jedenfalls, meint er, die sei keine Wende zum Guten gewesen. Die hohe Arbeitslosigkeit, dass die Jungen wegziehen, wie seine eigenen Kinder, das habe man doch den Kapitalisten aus der BRD zu verdanken. „Die haben sich die Betriebe unter den Nagel gerissen, haben Subventionen abgegriffen und die Firmen dann pleite gehen lassen", meint er. Aber was ist mit all den Dingen, die man durch die Demokratie gewonnen habe, mit Meinungsfreiheit, Pressefreiheit, Reisefreiheit? „Ach, wenn ich das schon höre", schnauft er.

Man habe ein gutes Leben geführt in der DDR, damals habe es noch Zusammenhalt gegeben. Klar, sagt er dann. „Früher durften wir nicht nach Mallorca fahren. Und heute? Heute können wir es uns nicht mehr leisten." Er verzieht das Gesicht.

Über die vielen Toten an der Mauer damals, die politischen Gefangenen, will der Mann dagegen nicht reden. „Ich hatte keine Probleme", meint er nur. „Also...?", fragt er herausfordernd. „Der meint das nicht so", versucht in diesem Moment sein Anglerkollege beschwichtigend einzugreifen. Aber sein Kumpel hat sich längst in Rage geredet. Doch, sagt der. „Das meine ich genau so." Spricht's, nimmt seine Sachen und stapft davon. Sein Kollege zuckt wie zur Entschuldigung die Schultern.

Der positive Trend am Arbeitsmarkt ist teuer erkauft

All der Idylle zum Trotz, der grandiosen Natur, den hübschen Städtchen und den prächtigen Schlössern, hat der Landkreis Uckermark, gelegen im äußersten Nordosten des Landes Brandenburg, ganz offensichtlich Probleme. Keine Frage: Die Touristen kommen zuhauf in die zu 60 Prozent geschützte Naturlandschaft, sie wandern in den Wäldern im Boitzenburger Land, bewundern das dortige Schloss oder radeln durch den Nationalpark Unteres Odertal, sie besuchen die historische Altstadt von Angermünde oder die Fachwerkhäuser von Templin, der Heimatstadt der Bundeskanzlerin. Doch die Zahl der Menschen ohne Beschäftigung in der Region gibt nach wie vor Anlass zur Sorge: 15,2 Prozent betrug die durchschnittliche Arbeitslosenquote 2013, nirgendwo sonst in Deutschland lag sie höher.

Wenig tröstlich ist es, dass zur Jahrtausendwende gar ein gutes Viertel der Einwohner ohne Arbeit war. Denn was nach einem positiven Trend klingt, ist teilweise teuer erkauft. Es sind nicht zuletzt die vielen Weggezogenen, insbesondere die Jungen, die nun nicht mehr in der Statistik auftauchen. Seit der Wiedervereinigung hat der Landkreis, der 1993 aus den Landkreisen Angermünde, Prenzlau, Templin sowie der vormals kreisfreien Stadt Schwedt/Oder gebildet wurde und im Osten an Polen grenzt, rund 50.000 seiner Einwohner verloren. Das ist fast ein Drittel. 2004 bereits berichtete das Handelsblatt unter dem Titel „Deutschlands Nordosten blutet aus", das statistische Landesamt prognostiziere, die Einwohnerzahl der Uckermark werde bis 2020 von damals noch 145.000 auf 123.500 sinken. Doch das Amt hatte die Dynamik der Abwanderung dramatisch unterschätzt: Schon 2012 wurde die Prognose unterschritten. Und es geht weiter abwärts.

Kampf gegen den Exodus: Landrat Dietmar Schulze rechnet für das Jahr 2030 noch einmal mit 20.000 Menschen weniger in der Uckermark.

Dietmar Schulze weiß das. Er rechnet mit noch 100.000 Uckermärkern im Jahr 2030. „Das ist eine Herausforderung", sagt er nüchtern. Doch der Mann klagt nicht. Er ist der Landrat, erster Bürger im Kreis, steht 900 Mitarbeitern vor. Da muss man ein

Kämpfer sein, auch wenn Schulze mit seinem graumelierten Bart und der Schiebermütze eher gemütlich wirkt. Doch das SPD-Mitglied hat schon so einiges erlebt und bewegt in seinem Leben, und er erzählt gerne davon. Wie er 1953 in der Magdeburger Börde als Landwirtskind geboren wurde, von seinem agrarwissenschaftlichen Studium in Rostock, seinen frühen Jahren in einer Landwirtschaftliche Produktionsgenossenschaft (LPG). Aber vor allem, wie er die Wende bereits in der Uckermark erlebt hat, in der Kreisverwaltung von Angermünde.

„Die schönste Zeit", nennt er diese Phase heute, weil man damals etwas habe gestalten können. Bei ihm persönlich war dies der Aufbau des Landwirtschaftsamtes im neu geschaffenen Landkreis Uckermark. Bis 2000 leitete er das Amt, dann holte ihn Wolfgang Birthler als Staatssekretär ins brandenburgische Landwirtschaftsministerium. „Das war eigentlich nicht mein Lebensplan", sagt Schulze. Genauso wenig, dass ihn ein SPD-Genosse 2010 dann als Landrat für die Uckermark vorschlug und Schulze prompt mit großer Mehrheit gewählt wurde. „Ich bin jetzt Chef der Behörde, die ich 2000 verlassen habe." Dietmar Schulze lacht.

Der Bus transportiert auch Käse und Fleisch

Dazu hat der 62-Jährige auch tatsächlich Grund. Was er vorzuweisen hat, ist nicht ohne: Zum ersten Mal seit 1997 habe man im strukturschwachen Kreis 2013/14 einen ausgeglichenen Haushalt vorlegen können, berichtet er zufrieden. Er nennt die Re-Kommunalisierung der Abfallwirtschaft oder auch der Rettungsdienste, die er beide mit vorangetrieben hat, als zwei Gründe der positiven Entwicklung. Stolz ist Dietmar Schulze auch auf die Installation des so genannten „kombiBUS"-Systems im Kreis, das die alte Postkutsche imitiert und neben Menschen „auch wieder Käse und Fleisch transportiert", bis in die entlegensten Dörfer. Darüber hinaus habe man 2013 den Bundespreis bekommen für nachhaltigen Tourismus. Der Deutsche Tourismusverband lobte damals „ein ganzes Netzwerk touristischer Unternehmen in der Uckermark, die auf Ökostrom, energetische Gebäudesanierung und regionale Bioprodukte setzen". Man müsse sich von anderen abheben, meint der Landrat dazu, und der Erfolg gibt ihm recht: Zwischen 1994 und 2012 stieg die jährliche Gästezahl im Landkreis von etwa 125.000 auf über 272.000. Längst ist das Geschäft mit den Urlaubern eines der bedeutendsten der Region.

„Es reicht bislang hinten und vorne nicht."

Im Tourismus gelingt dieses Abheben also offenbar, auch in der Chemie oder der Papierherstellung ist man im Landkreis gut aufgestellt. Rund 1500 Solar- und mehr als 500 Windkraftanlagen liefern zudem fast zwei Millionen Megawattstunden Strom im Jahr, ein beachtlicher Wert. Die Landwirtschaft, Schulzes Kerngebiet, ist ebenfalls ein weiterer Beschäftigungspfeiler. Allerdings: 1989 war noch rund ein Drittel der Beschäftigten der Region im Agrarbereich tätig, inzwischen sind es nur noch etwa fünf Prozent. Ein ähnliches Bild in der Raffinerie in Schwedt, der einst zweitgrößten der DDR: Mehr als 8000 Menschen hätten dort einst gearbeitet, berichtet der Landrat. Heute sei das Unternehmen privatisiert, eine hochmoderne, „ein Super-Raffinerie", wie Schulz sie nennt. „Aber es arbeiten nur noch 1500 Leute dort. Wo sind die anderen geblieben?" Er kennt die Antwort freilich.

Der drastische Arbeitsplatzabbau traf fast alle DDR-Betriebe nach der Wende; ob durch notwendige Modernisierungsmaßnahme oder durch skrupellose Subventionsjäger, das lässt sich zuweilen kaum auseinanderhalten. "Hier ging ja alles so abrupt. Es reicht bislang hinten und vorne nicht", sagt der SPD-Mann, als sei dies alles erst kürzlich passiert. Doch der gewaltige Umbruch ist rund ein Vierteljahrhundert her. Aus einem akuten Problem ist in der Uckermark längst ein chronisches geworden.

Und so kommt der Landrat, der nicht jammern möchte, nicht umhin, auch die immensen Schwierigkeiten zu benennen, mit denen die Region zu kämpfen hat. Ausgeglichener Kreishaushalt hin oder her: „Es gibt Altschulden, 25 Millionen, die liegen da in diesem Schreibtisch", sagt der Landrat und zeigt auf seinen Arbeitsplatz im eher schlicht gehaltenen Büro in altehrwürdigem Prenzlauer Gemäuer.

Die alte DDR-Raffinerie bei Schwedt bot einst 8000 Uckermärkern Arbeit. Heute ist die Anlage hochmodern – und beschäftigt 1500 Leute.

Die ausufernden Sozialkosten, gerade im Bereich der Jugendhilfe, sind aus seiner Sicht ein großes Problem. 20 Millionen gebe man allein für pädagogisches Personal im Jahr aus, wovon das Land zwar die Hälfte übernehme, „an einen Schuldenabbau ist aber so nicht zu denken." Mit Bedauern denkt er an schmerzhafte Schulschließungen, die hinter ihnen liegen und an den schleppenden Ausbau der Internet-Breitbandversorgung, ein kaum zu unterschätzender Faktor für mögliche Neuansiedlungen. Dietmar Schulze spricht von einer mittlerweile zweigeteilten Landschaft in der Republik: Nicht nur West-Ost, auch Nord-Süd, Stadt-Land, das werde immer noch nicht wirklich wahrgenommen, sagt er und warnt: „Wenn man da nicht für Ausgleich sorgt, werden ganze Landstriche abgehängt."

Viele haben zwei, manche sogar drei Biographien

Dietmar Schulze sieht die übergeordnete Politik gefordert, die gegensteuern müsse. „Das zentrale Thema ist der Erste Arbeitsmarkt", da macht er sich nichts vor, wenn noch immer jeder Sechste ohne Beschäftigung ist. Doch die Abkehr der Bundesregierung vom Zweiten Arbeitsmarkt, den staatlich subventionierten Arbeitsverhältnissen, empfindet er bei allem Verständnis für nötige Einsparungen als zu drastisch. Der 62-Jährige denkt dabei vor allem an die Langzeitarbeitslosen im Kreis, die schlecht Qualifizierten, die Alten, die Frustrierten. „Die Menschen haben hier einiges durchgemacht", sucht Dietmar Schulze um Verständnis, „die haben zwei, manche sogar drei Biographien." Doch egal in welchem politischen System man sich bewege, für den Verwaltungschef gibt es „nichts Schlimmeres, als wenn Menschen neben sich gestellt werden", sie ihren Platz in der Gesellschaft nicht finden.

Die 290 Mitarbeiter von Michael Steffen haben einen Job, allerdings täglich mit jenen Aussortierten zu tun. Der 41-Jährige ist Leiter des Jobcenters Uckermark in Prenzlau, das rund 15.000 Bürger im Landkreis betreut. Wer hier oder in einer der Außenstellen in Schwedt, Angermünde oder Templin landet, ging in der Regel länger als ein Jahr keiner sozialversicherungspflichtigen Beschäftigung nach und hat somit lediglich Anspruch auf Arbeitslosengeld II, sprich: Hartz IV. Im Landkreis Uckermark macht diese Gruppe mehr als drei Viertel aller Arbeitslosen aus. Zum Vergleich: Im Landkreis Eichstätt liegt diese Quote um die 30 Prozent. Ein knappes Drittel seiner Klientel seien jedoch so genannte Aufstocker, erklärt Steffen. Teilweise sind das geringfügig Beschäftigte, aber auch durchaus Leute in Vollzeit – unter anderem eine Folge des niedrigen Lohnniveaus in der Region.

Jedes dritte Kind lebt bei Leistungsbeziehern

Was den Jobcenter-Chef dabei am meisten bedrückt, das ist die extrem hohe Sozialquote im Kreis, wie dies im Fachjargon heißt. Im Klartext: „Jedes dritte Kind in der Uckermark lebt in einer Familie, die Sozialleistungen empfängt." Dieser Umstand wirke sich laut Michael Steffen auf die gesamte künftige Lebensgestaltung dieser Kinder aus, nicht nur des Geldes wegen, auch strukturell. In der Region, das weiß er, gibt es rund 25 Jahre nach der Wiedervereinigung längst das, was Soziologen eine „Kultur der Arbeitslosigkeit" nennen.

Ein-Euro-Shop vor historischem Ambiente: Die anmutig restaurierte Stadtmauer Prenzlaus steht im Widerspruch zur Kaufkraft vieler Einwohner.

Es gebe Familienväter, berichtet Steffen, die mit der Wende in die Arbeitslosigkeit gerutscht seien „und die seitdem nie wieder am ersten Arbeitsmarkt aufgetaucht sind". Deren Kinder seien längst erwachsen, hätten meist selber Kinder. „Diese haben noch nie erlebt, wie es ist, regulär zu arbeiten. Und das in der mittlerweile dritten Generation!" Für Michael Steffen ist deshalb eines klar: An diese Kinder muss man rankommen, sobald wie möglich. Deshalb verfolge man im Kreis inzwischen einen ganzheitlichen Ansatz, sagt er. In Zusammenarbeit mit den Jugendämtern, den Schulen und verschiedenen sozialen Trägern wird demnach bereits in der Schulzeit begonnen, den Nachwuchs zu begleiten, zu fördern – und ihn dadurch zu befähigen, später für sich selbst sorgen zu können.

Den Kampf um die Älteren hat man faktisch aufgegeben

Es ist ein Kampf. Doch einer, der sich lohnen könnte. Etwa 3000 Menschen im Jahr bekomme man durchschnittlich in Arbeit, auch durch gezielte, individuelle Weiterbildungsmaßnahmen, berichtet Steffen nicht unzufrieden. Allerdings muss er auch konstatieren, dass ungefähr ebenso viele wieder jedes Jahr neu in die Statistik rutschen. Dennoch: Wer motiviert sei und mobil, qualifiziert oder für Qualifizierung wenigstens offen, der finde auch in der Uckermark Arbeit, daran glaubt er fest. Das Jobcenter könne sogar beim notwendigen Führerschein unterstützen, im Zweifel auch beim Darlehen für ein Auto.

Doch gilt das alles insbesondere für jüngere Menschen. Den Kampf um die Älteren, für die Älteren, den hat man faktisch aufgegeben. Dies sagt niemand direkt, der Landrat nicht und auch nicht der Jobcenterleiter. Doch es klingt immer wieder durch. Etwa dann, wenn Dietmar Schulze von „echten Schicksalen" spricht, als er auf das Zehntel der Bevölkerung zu sprechen kommt, den Abgehängten, die bis heute nie im kapitalistischen System angekommen sind. Oder wenn Michael Steffen von alten DDR-Berufen redet, die es „so nicht mehr gibt", von Teil-Facharbeitern oder Kräften aus der Landwirtschaft, die ein Vierteljahrhundert der technischen Entwicklung verpasst hätten. Menschen, sagt er, „die sie nicht mehr auf einen Traktor setzen können, eine viertel Million Euro teuer und mit GPS. Den muss man bedienen können."

Hühner und Enten für den Eigenbedarf

Das ältere Ehepaar aus dem kleinen Dorf, auf halbem Weg zwischen Angermünde und Schwedt gelegen, gehört zweifellos nicht zu den geeigneten Kandidaten. Er ist teilerwerbsunfähig, wie er erzählt, sie hat einen 100-Euro-Job, die fünf Kinder sind mittlerweile aus dem Haus. Ansonsten leben beide seit Jahren von Hartz IV und ihrer kleinen Landwirtschaft. Ein paar Schweine, Hühner und Enten hätten sie, „für den Eigenbedarf", wie sie sagen. Es ist ein nicht untypisches Modell in der Gegend. Der alte Hof des Paares hat allerdings schon bessere Tage gesehen, sollte dringend renoviert werden. Doch mit welchem Geld? Er zuckt die Achseln. Als sie 1984 hier angekommen seien, hätte jeder Arbeit gehabt, erinnert sie sich. „Die meisten in der Landwirtschaft." Nach der Wende sei dann ein holländischer Investor gekommen, habe den größten Hof der LPG gekauft, Fördermittel kassiert und nichts investiert, behauptet ihr Mann. Jetzt würden die meisten Flächen von einer einzigen großen Agrar-GmbH betrieben. Wer dort letztlich Arbeit gefunden und wo die Gesellschaft ihren Sitz hat? Die beiden schütteln nur den Kopf. Sie wissen es nicht – und es ist ihnen im Grunde auch egal. „Wir fühlen uns hängengelassen", sagt sie, guckt die Straße entlang. Es ist kurz vor sieben am Abend und niemand zu sehen. Eine Überraschung ist das allerdings nicht.

Viele Häuser im Dorf stehen schon lange Zeit leer; weiter hinten befindet sich ein ehemaliger Gutshof, an dem seit Jahren mehr oder weniger gebaut wird; einen Steinwurf entfernt verfällt ein ehemaliger Bauernhof, das Dach besorgniserregend schief, die Fenster kaputt, die alten Scheunentore herausgerissen. Nur die kleine Feldsteinkirche an der früheren Durchgangsstraße ist hübsch herausgeputzt. Eine Kneipe, einen Laden, selbst einen Bäcker sucht man hier vergeblich.

In einem Dorf zwischen Angermünde und Schwedt verfällt ein Bauernhof. Auch viele Wohnhäuser in der Nähe stehen schon lange Zeit leer.

Kaum verwunderlich also, dass keines der Kinder des Paares am Ort geblieben ist. Die älteste Tochter sei Köchin in Hamburg, berichtet deren Mutter nicht ohne Stolz. Gut möglich, dass sie auch eine Stelle in der Region bekommen würde. „Aber was kriegt sie dafür an Geld? Bei uns." Die Frau winkt ab, sie kennt das Lohnniveau. Nein, kein Zweifel, für sie hat ihre Heimat, die Uckermark, ihre Zukunft längst hinter sich.

Dorit Adler sieht das völlig anders. „Ich glaube nicht, dass wir so viele Arbeitslose haben müssten", sagt sie. Die Frau muss es wissen, sie ist seit 2011 die Leiterin der Geschäftsstelle der Arbeitsagentur in Schwedt, nach wie vor das industrielle Herz der Region. Natürlich habe insbesondere PCK, die Raffinerie, nach der

Wende massiv Stellen abgebaut, über Altersteilzeit, Übergangs-geld, Abfindungen. Und keine Frage, es hätten vor allem die da-mals über 40-Jährigen schwer gehabt, noch einmal Fuß zu fassen. In den Anfangsjahren habe man von Seiten der Agentur versucht, mit allen etwas zu machen, Qualifizierungsmaßnahmen, Trainings, solche Dinge. Das ging oft schief. Heute arbeiteten sie individuel-ler, wirtschaftlicher, sagt die 46-Jährige. „Wir müssen gegenüber der Öffentlichkeit Ergebnisse nachweisen." Und doch liegt es letzt-lich am Einzelnen, ob er die Chance zur Aus- oder Weiterbildung auch nutzt. Vielen nämlich fehle es laut Adler bis heute an der notwendigen Flexibilität, nicht nur, was die Berufswahl betrifft. „Der eine ist eben bereit, als Fernfahrer seine Familie die Woche über nicht zu sehen. Der andere bleibt lieber zu Hause." Und so-bald der Arbeitsplatz außerhalb der Region liege „wird es für man-che schwierig".

Die größte Überraschung: Fachkräftemangel, hier!

Dann wartet die Agenturchefin mit einer Überraschung auf: In einem Landkreis mit einer Arbeitslosenquote jenseits der 15 Pro-zent herrscht Fachkräftemangel! Ganz im Ernst. „Der komplette Pflegebereich, Physiotherapeuten, auch Elektroinstallateure, da schlagen sich die Arbeitgeber drum", weiß Dorit Adler durch ihre sieben Arbeitsvermittler in Schwedt, die sich um jeweils 230 bis 300 Kunden kümmern. Die Gastronomie hat demnach ebenfalls oft genug Schwierigkeiten Personal zu finden, auch Erzieherinnen sind sehr gefragt. „Ein Phänomen" seien laut der 46-Jährigen zu-dem die Friseure. Wenn sich da einer melde, sei der in der Regel sofort vermittelt. Allerdings: „Meist kommen die gleich gar nicht, wegen der bescheidenen Lohnaussichten", sagt sie. Von außerhalb, jenseits der Uckermark oder gar Brandenburgs, erst recht nicht.

An einer herausgewachsenen Frisur ist allerdings bekanntlich noch niemand gestorben. Wenn jedoch die medizinische Versorgung einer Region gefährdet ist, wird es heikel. Und so macht sich Landrat Dietmar Schulze viel mehr Sorgen um die Arztpraxen im Landkreis. Stationär stehe man gut da, habe einen der größten Klinikverbände Deutschlands mit insgesamt 2800 Beschäftigten an den Standorten Angermünde, Prenzlau und im angrenzenden Eberswalde. Hinzu komme noch ein großes Krankenhaus in privater Hand in Schwedt und ein kleineres in Templin. Problematisch sei hingegen die hausärztliche Versorgung der zunehmend älteren Bevölkerung, gerade in den kleineren Kommunen. Für Ärzte, die in den Ruhestand gehen, finden sich nur schwer Nachfolger. „Die Uni-Absolventen zieht es in die großen Städte", sagt Schulze. Auch wenn er das grundsätzlich verstehen könne, versuche man dennoch, dem entgegenzuwirken. „Mutlos sind wir nicht."

Willkommensagentur begleitet Rückkehrer und Zuzügler

Und in der Tat: 2010 hat sich – nicht zuletzt wegen der öffentlichen Unterstützung – ein libanesischer Arzt für die Übernahme zweier Praxen in der unterversorgten Region entschieden, obwohl er sich eigentlich im hundert Kilometer entfernten Berlin niederlassen wollte. Dr. Amin Ballouz hat es seitdem zu einem kleinen Medienstar gebracht, Zeitungen haben über ihn berichtet, auch das Fernsehen. Die Patienten lieben ihren Doktor und der Mittfünfziger wird im Gegenzug nicht müde zu betonen, wie wohl er sich in der Region fühle und wie wenig er seine Entscheidung bereue. Es ist eine Erfolgsgeschichte.

Genau so wünscht sich das Ariane Böttcher. Die junge Frau, aufgewachsen in Prenzlau und Templin, ist Vorsitzende des Vereins „Zuhause in Brandenburg" und hat mit ihren Mitstreitern 2013 die „Willkommensagentur Uckermark" gegründet. Denn in einem sind sich die Mitglieder einig: Die Uckermark ist lebenswert, hat Charme und Potential, und kommt in der öffentlichen Darstellung einfach viel zu schlecht weg. Dies zu ändern, daran arbeiten sie, beispielsweise mit Fotowettbewerben oder einem Laden mit ausschließlich regionalen Produkten in der Templiner Altstadtpassage. Ihre wichtigste Aufgabe sehen sie jedoch darin, „möglichst viele Menschen für ein Leben und Arbeiten hier zu begeistern", wie Böttcher es formuliert. Ihr sei es wichtig, vor allem auch jungen Leuten Perspektiven in der Region aufzuzeigen. Und so unterstützt die Willkommensagentur Rückkehrer und Zuzügler auf ihrem Weg in die Uckermark, ob durch Hilfe bei der Suche nach einer Wohnung, der geeigneten Kinderbetreuung oder Informationen über Freizeitangebote.

Der Erfolg gibt den Machern durchaus recht: Rund 200 Menschen nahmen im ersten Jahr ihr Beratungsangebot in Anspruch, etwa 70 davon, fast ausnahmslos Fachkräfte, seien jetzt erstmals oder wieder in der Uckermark zu Hause, vermeldet der Verein. Doch nicht jede Branche bietet bereits genügend Arbeitsplätze, dessen ist man sich bewusst. Es gebe jedoch eine große Zahl von Rückkehrern und Zuzüglern, die den Weg in die Selbstständigkeit wählen „und damit die Uckermark auch wirtschaftlich weiter voranbringen", heißt es. Bei Stammtischen für Rückkehrer und Neuankömmlinge werden dann erste Kontakte geknüpft, gemeinsam Pläne geschmiedet und im Zweifel auch das eine oder andere Problem besprochen. Für diese Form der Willkommenskultur gab es für die Verantwortlichen einen Preis beim Bundeswettbewerb „Deutschland – Land der Ideen", genauso wie bereits zuvor für den pfiffigen „kombiBUS" der Verkehrsgesellschaft.

Kaum irgendwo sind Grundstücke erschwinglicher

Es sind zweifellos die Kreativen, die Unverzagten, die sich gegen den prophezeiten Niedergang der Region stemmen – mit zuweilen beachtlichem Erfolg. Und es ist ja was dran: Das niedrige Einkommensniveau wird durch die überschaubaren Lebenshaltungskosten zumindest teilweise wieder ausgeglichen, kaum irgendwo in Deutschland sind die kommunalen Steuern niedriger, sind Grundstücke erschwinglicher. Das haben in der jüngeren Vergangenheit vor allem auch viele Nachbarn aus Polen erkannt. Rund 2000 Übersiedler gibt es bereits, nach anfänglicher Skepsis werden sie von der Mehrzahl der Uckermärker inzwischen sehr gern gesehen, ob sie in der Region nun Häuser kaufen zum Preis einer Einzimmerwohnung im Stadtzentrum von Stettin oder sich einen alten Bauernhof herrichten.

In diesen ehemaligen Getreidespeicher wird ein Künstler einziehen. Er ist nicht der einzige, der das günstige Immobilienangebot im Kreis nutzt.

Im kleinen Dorf Mittenwalde, ziemlich genau im Zentrum des Landkreises, kommen Interessierte allerdings zu spät. Scheune und Stall eines großen ehemaligen Hofes dort sind wegen Baufälligkeit schon vor längerer Zeit abgerissen worden. Den beeindruckenden Getreidespeicher aber habe ein Künstler aus dem rheinischen Düren bereits gekauft und wolle ihn ab 2016 als Atelier und Wohnung herrichten, erzählt Egbert Radthke. Der ältere Herr, langjähriger Bürgermeister des 400-Seelen-Flecken, freut sich über diese Entwicklung. Ursprünglich sollte im Speicher nämlich ein Kulturzentrum entstehen, die Pläne wurden aber wieder verworfen. „Wer soll sechs Millionen Euro investieren?", fragt Rathke nur. „Es gibt hier ja zu wenig Leute." Auf diese wenigen aber lässt er nichts kommen. „Wir sind ein ehrlicher, solider Menschenschlag", davon ist er überzeugt. Und er kann das auch begründen: Bis 1996 sei er selbständiger Elektrikermeister gewesen, erzählt der Rentner. „Und bis zum Schluss habe ich keine einzige Mahnung schreiben müssen." Möglicherweise wäre dies ein weiterer Grund, sich in der Uckermark niederzulassen.

Schwedt hat die Hälfte der Einwohner verloren

Doch all die kleinen Erfolge können nicht darüber hinwegtäuschen, dass die Region noch lange nicht über den Berg ist. Die Stadt Schwedt beispielsweise hat zwar eine prächtige Lindenallee, die Uckermärkischen Bühnen und seit 1999 auch ein Erlebnisbad – vor allem hat sie jedoch weit mehr als ein Imageproblem. So geriet sie zuletzt 2011 in die Schlagzeilen, als ihr damaliger Ausländerbeauftragter Ibraimo Alberto, der bereits 1981 aus Mosambik in die DDR eingewandert war, wegen wiederholter Übergriffe durch Neonazis sein Amt aufgab und mit seiner Familie nach Karlsruhe flüchtete. Doch er ist eben nicht der einzige, der geht. Sicherlich, es gibt sie auch, die Neubauviertel mit schmucken Einfamilienhäusern am Stadtrand, und doch blutet die Stadt alles in allem weiter aus. Mehr als 52.000 Menschen lebten hier vor 30 Jahren, heute sind es noch etwas mehr als die Hälfte.

Wer bei Google-Maps Schwedt von oben betrachtet, entdeckt in der Kartenansicht im Nordwesten der Stadt ein mit Straßen durchzogenes Viertel. Ein Klick auf die Foto-Darstellung jedoch offenbart: An Schillerring und Theodor-Fontane-Straße lebt niemand mehr, auch der Goethering führt ins Leere. Von den Plattenbauten, die hier einst standen, kann man zuweilen noch den mit Unkraut bewachsenen Parkplatz entdecken, seit rund zehn Jahren parkt dort allerdings kein einziges Auto. Nur eine ältere Dame kommt gerade vorbei, die hier ihren Hund ausführt. Sie wohne in einem der sanierten Plattenbauten weiter hinten. „Wir sind die Übriggebliebenen", sagt sie lachend. Lediglich noch ein paar der typischen DDR-Wohnblöcke stehen noch.

Zur Tafel statt ins Einkaufszentrum

Zu wenige offensichtlich, um die „Uckermark-Passagen", ein vermeintliches Vorzeige-Projekt aus der Nachwendezeit im Süden des Viertels, mit ausreichend Kunden zu versorgen. Der Komplex steht schon seit Jahren leer, ein Bauzaun drum herum. Eingetretene Türen, kaputte Scheiben und Graffiti prägen das Bild des ehemaligen Einkaufszentrums. Die Schwedter Tafel hingegen, dort wo all die Bedürftigen für einen Euro einkaufen können, hat jeden Tag geöffnet, vormittags und nachmittags, Woche für Woche, trotz weiterer Tafeln in Prenzlau und in Angermünde. Zum Vergleich: Die Tafel in Eichstätt, die einzige im gesamten oberbayerischen Landkreis, hat immer nur am Donnerstag geöffnet. Für zwei Stunden.

Der Marktplatz von Angermünde mit dem Rathaus ist ein wahres Klein-od. Der Brunnen von 1999 bezaubert mit liebevoll gestalteten Figuren.

Die weniger schöne Seite der Uckermark: Ein Einkaufszentrum in Schwedt ist seit Jahren dem Verfall preisgegeben. Es fehlte an Kundschaft.

Die bekannteste Ansicht von Prenzlau: Mitteltorturm und Marienkirche, steinerne Zeugnisse der Bedeutung der Kreisstadt bereits im Mittelalter.

Eine Landschaft wie gemalt: Blick auf den Unteruckersee. Die Zahl der Touristen im Landkreis hat sich innerhalb von 20 Jahren verdoppelt.

Hendrik Sommer, Bürgermeister

„Ein Erfolg, kein Sorgenkiller."

2013 erlebte Hendrik Sommer sein ganz persönliches Sommer-
märchen. Es ging nicht um seinen Nachnamen, auch nicht um
Fußball und um keinen WM-Titel. In jenem Jahr fand in Prenzlau
„Die grüne Wonne" statt. So hatte man die fünfte Brandenburger
Landesgartenschau betitelt, um die sich die Stadt 2008 erfolgreich
beworben hatte. Und warum der 45-Jährige bis heute so ins
Schwärmen gerät, das hat mit dem Stimmungswechsel in der Be-
völkerung zu tun. Für Sommer ist das von Bedeutung: Er ist der
Bürgermeister der Stadt im Norden des Landkreises Uckermark.
Und gute Stimmung kann er gut gebrauchen.

*Luft nach oben: Prenzlaus Bürgermeister Hendrik Sommer glaubt an das
Potenzial seiner Stadt. Die Landesgartenschau 2013 hat ihr gut getan.*

Er selbst, 2009 als parteiloser Kandidat im ersten Wahlgang ins Amt gewählt, geht mit gutem Beispiel voran. Der Mann hat prächtige Laune beim Interview, er will begeistern, das ist zu spüren. Doch dann liefert er auch Gründe, warum Prenzlau für ihn ein verdammt gutes Fleckchen Erde ist: „Wir haben ein Potenzial an Leuten hier, die Lauft ist sauber, die Natur ist intakt – und wir haben jede Menge Platz", fasst er frohgemut zusammen. Nun gut, den letztgenannten Aspekt kann man auch negativ auslegen; Prenzlau ist geschrumpft, der Bürgermeister weiß das. Und doch ist er mit allen anderen Entwicklungen durchaus zufrieden.

Denn auch Prenzlau hatte es nach der Wiedervereinigung zunächst böse erwischt. Zwar punktet die Stadt bei Besuchern etwa mit der Marienkirche, einem der bedeutsamsten Werke der Backsteingotik oder dem historischen Stadtmauerrundweg samt Hexenturm. Gleichwohl wurden laut Hendrik Sommer 600 Wohnungen abgerissen, weil sie schlicht nicht mehr gebraucht wurden. Die Leute zogen weg, der Arbeit hinterher. Zu DDR-Zeiten waren vor allem die örtliche Zuckerfabrik und die Armaturenwerke wichtige Arbeitgeber. Die Zuckerfabrik wurde 1994 nach 122 Jahren Firmengeschichte endgültig dicht gemacht, die Armaturenwerke immerhin gibt es noch. Sie heißen nun GEA AWP, sind ein Zweig eines weltweit agierenden Unternehmens und bieten gut 100 Menschen Arbeit. Vor 1990 waren es zehn Mal so viel.

Durch die LaGa 15 Jahre in der Stadtentwicklung gewonnen

„2003 standen wir mit 30 Prozent Arbeitslosen in den Annalen", benennt Hendrik Sommer den beschäftigungsmäßigen Tiefpunkt der Stadt. Mit nun rund 16 Prozent Arbeitslosen hat man diese Quote seitdem fast halbiert. Seit einigen Jahren verzeichne die Stadt sogar wieder ein leichtes Plus bei den Einwohnerzahlen, berichtet Sommer. Das hat nicht nur, aber ganz viel mit der Landesgartenschau, der LaGa 2013 zu tun. Schon davor habe Prenzlau von Fördergeldern profitiert, insbesondere von denen der EU, bekennt der 45-Jährige. „Der Niedergang wäre sonst noch viel stärker gewesen." Durch die LaGa allerdings habe man in der Stadtentwicklung 15 Jahre gewonnen. Im Schnitt, erklärt er, verfüge die Stadt über vier bis sechs Millionen Euro im Jahr für Investitionen. „Nun gab es für drei Jahre 50 Millionen, allein 13 Millionen für die Landesgartenschau bei rund 40 Prozent Eigenmitteln." Für Sommer, zum Zeitpunkt der Bewerbung noch Fachamtsleiter für Wirtschaftsförderung und Tourismus, war es der ganz große Wurf.

„Prenzlau lernt sich lieben" titelte die Berliner Zeitung

Die Bevölkerung hingegen war laut Sommer zunächst skeptisch. 300.000 Besucher hätte man in den Osten Brandenburgs locken müssen, um ohne Verlust zu bleiben, in ein 19.000-Einwohner-Städtchen. Bei weitem nicht alle hätten daran geglaubt. Doch dann kam das, was der Bürgermeister heute als „Sommermärchen" bezeichnet: Alle Verantwortlichen hätten an einem Strang gezogen, sich gegenseitig mitgerissen, eine im Wortsinne gute Schau geliefert. Am Ende zählte man 466.000 Besucher, weit über allen Prognosen, der Überschuss lag im Millionenbereich. Hendrik Sommer kann es sich nicht verkneifen, auf die Internationale Gartenschau 2013 in Hamburg hinzuweisen. "Die hatte 37 Millionen Euro Minus", rechnet er vor. Ja, der Mann weiß, die Sache hätte schiefgehen können. Tat sie aber nicht. „Prenzlau lernt sich lieben", titelte damals die Berliner Zeitung, der heimische Nordkurier schwärmte von den vielen dauerhaften Verschönerungen im Stadtbild. „Es war ein Erfolg", sagt Hendrik Sommer. „Aber kein Sorgenkiller."

Wenn, wie 2014, ein so wichtiger Arbeitgeber vor Ort wie der Solarmodulhersteller „aleo solar" in eine Krise gerät und von 590 Mitarbeitern fast 450 entlässt, ist das ein Rückschlag, den auch der Bürgermeister nicht einfach weglächeln kann. Was ihm bleibt, ist der Verweis auf die Gesamtentwicklung. Als eine von 15 EFRE-

Städten in Brandenburg, Kommunen also, die Gelder aus dem Europäischen Fonds für regionale Entwicklung bekommen, habe man bei den sozialversicherungspflichtigen Jobs mit am besten abgeschnitten, sagt er. „Wir hatten in fünf Jahren 14,9 Prozent Zuwachs, nur Oranienburg war besser. Das zeigt, dass es nicht ganz schlecht lief. Aber es reicht eben noch nicht."

Für das Stadtoberhaupt ist die Fachkräftesicherung nun die Hauptaufgabe der kommenden Jahre. Dabei sollen die von der Stadt bezahlten Schnupperkurse in Betrieben ebenso helfen wie die jährliche Berufsmesse „vocatium". „Wir versuchen die Schüler schon früh mitzunehmen", sagt der Vater von vier Kindern. Auch den rund 80 Vereinen der Stadt komme große Bedeutung zu. Kindern und Jugendlichen Werte vorzuleben passiere dort zum Teil mehr als in den Familien. Zudem müssten die Städte ihre Egoismen sein lassen. Jedem sein Schwimmbad, sein Theater, das funktioniere nicht mehr, glaubt er. Es gehe nur gemeinsam, auch über Grenzen hinweg. „Wir denken bei einem neuen Kunstrasenplatz konkret über eine Kooperation mit einem polnischen Verein nach."

„Wer in die Großstadt will, der geht."

Ob durch derartige Dinge der Exodus der Jungen gestoppt werden kann, ist ungewiss. „Wer in die Großstadt will, der geht", da macht sich Hendrik Sommer nichts vor. Aber: Vielleicht kämen die Leute auch irgendwann wieder zurück, so wie er selbst, der hier groß geworden ist und zunächst ab 1990 in Kiel studiert hat. Die meisten freilich zieht es eher in die Hauptstadt. Vom Prenzlauer Berg zurück nach Prenzlau, das hätte einen gewissen Charme. Dass das Berliner Szeneviertel deutlich bekannter ist als die namensgebende Stadt, findet deren Bürgermeister ohnehin nicht fair. Im frühen Mittelalter, sagt er, habe Prenzlau zu den führenden Großstädten gehört. „Berlin gab es zu der Zeit noch gar nicht."

Margit Sydow, Friseurin

„Ich bin auch ein bisschen Beichtmutter."

Templin ist keine unbedeutende Stadt: nach der Fläche achtgrößte Kommune Deutschlands, bereits im Mittelalter wichtige Handelsmetropole, ab 1912 Sitz des renommierten Joachimsthalschen Gymnasiums. Viele aber kennen Templin heute vor allem als die Heimat der deutschen Bundeskanzlerin. Angela Merkel, zwar in Hamburg geboren, ist als Pfarrerstochter hier in der West-Uckermark groß geworden. Und Margit Sydow kann sich noch gut daran erinnern, nicht aus Erzählungen, ganz real. Merkel, die damals noch Kasner hieß, sei als Schülerin regelmäßig zu ihrem Mann gekommen, berichtet sie. „Zum Haareschneiden." Die 71-Jährige lächelt, und ein wenig stolz ist sie ohne Zweifel auch.

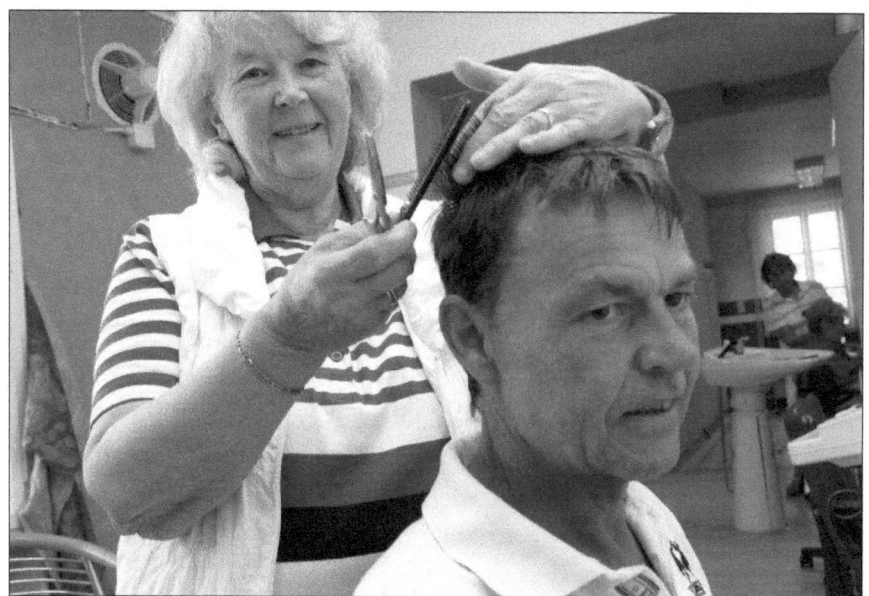

Denkt nicht ans Aufhören: Margit Sydow in ihrem Friseurgeschäft in Templin. Sohn Veikko (rechts) führt das Familienunternehmen weiter.

Eine Mark hat ein Haarschnitt damals gekostet, auch für die spätere CDU-Vorsitzende. „Das waren ja von der Regierung festgesetzte Preise", erklärt Sydow. Natürlich sei seitdem viel passiert, insbesondere in dem Vierteljahrhundert seit der Wiedervereinigung. Nichts ist mehr so wie damals, als sie und ihr Mann Horst in den 70er Jahren den Friseurladen in der Innenstadt von Templin von ihren Eltern übernommen haben. Seit 1928 schon befinde sich der Salon in der Pestalozzistraße in Familienbesitz, sagt Margit Sydow zufrieden. Und was sie besonders freut: Dank Sohn Veikko ist der Fortbestand gesichert, 2003 bereits haben ihr Mann und sie das Friseurgeschäft offiziell in dessen Hände gelegt.

Manche kommen schon 60 oder 70 Jahre in den Salon

Das Haareschneiden hat seine Mutter jedoch nie ganz aufgehört. „Warum auch?", fragt sie lächelnd. „Ich habe doch noch viel zu viel Freude an der Arbeit." Dies habe auch ganz viel mit dem Vertrauensverhältnis zu ihren Kunden zu tun, wie sie erklärt. Manche kämen schon seit 60 oder gar 70 Jahren in den Friseurladen, einige habe sie schon als Kind kennengelernt. Für diese Kunden sei sie oft mehr als nur Friseurin, „ein bisschen Psychologin, auch Beichtmutter". Bei der Jugend, die insbesondere Sohn Veikko bedient, sei das anders. „Die sind nicht mehr so gebunden, wechseln mehr", meint dieser. Doch er bedauert das nicht. Er, der mittlerweile auf die Fünfzig zugeht, kennt das im Prinzip nur so.

Margit Sydow dagegen hat Stammkunden: „Die möchten sich nur von mir bedienen lassen", sagt sie. Im Gegenzug erfährt die Friseurin dann, wann wo ein Enkelkind geboren wurde, wie es gesundheitlich um die Leute steht oder wohin sie der nächste Urlaub führt. Der Salon als sozialer Treffpunkt – für diese Altersgruppe gilt das nach wie vor. „Und deshalb bin ich gerne hier", sagt die 71-Jährige. Auch wenn beileibe nicht alle Erzählungen nur positiv sind. Nicht selten geht es auch um den Jobverlust oder zumindest die Angst davor. Die hohe Arbeitslosigkeit sei häufig ein Thema und mache sich laut Sydow in ganz vielen Dingen bemerkbar. Bei ihr konkret heißt das: Es gibt einige, die nur selten zu ihr kommen, weil sie sich einfach keinen regelmäßigen Haarschnitt leisten können, trotz der moderaten Preise.

Vor der Wende mehr zu tun – aber geringere Umsätze

Sieben Euro kostet heute ein Herrenschnitt bei den Sydows. Zwei Angestellte beschäftigt Sohn Veikko derzeit, die er tariflich bezahlt, wie er betont. Gut möglich allerdings, dass er, bedingt durch den gesetzlichen Mindestlohn, nun mal wieder die Preise anheben müsse. Die Konsequenz ist für ihn jetzt schon absehbar: „Die Abstände zwischen den Friseurbesuchen werden dann bei einigen größer." Margit Sydow kennt das bereits. Vor der Wende, erinnert sie sich, da habe man viel mehr zu tun gehabt im Laden. „Aber die Umsätze waren deutlich geringer." Glück habe man sicherlich auch gehabt, dass man nicht direkt an der polnischen Grenze liege, sagt die Geschäftsfrau. Angesichts der dortigen Billigfriseure wisse sie nicht, ob man sonst die 90er-Jahre überstanden hätte. Es hat eben immer alles seine zwei Seiten.

Der Tourismus hat der Stadt neues Leben eingehaucht

Das gilt ebenso für die Stadt Templin selbst. Zu DDR-Zeiten von der Industrialisierung weitgehend ausgeschlossen, sieht man von einem Bekleidungswerk einmal ab, fiel der Bevölkerungsrückgang nach der Wiedervereinigung dafür weniger stark aus als beispielsweise in Schwedt oder Prenzlau. Auch das war sicherlich kein Nachteil für das Geschäft von Margit und Horst Sydow. Heute gibt es einen Gewerbepark im Süden der Stadt, mit mehreren Autohäusern, Bauunternehmen und Computerfirmen, das schon. Ein echter Industriestandort ist Templin aber nie geworden, vielmehr hat man sich bewusst als Erholungsort positioniert.

Mit Hilfe von Bundes- und Landeszuschüssen wurde etwa im Jahr 2000 die Natur-Therme Templin eröffnet. Es gibt eine neue Reha-Klinik und liebevoll sanierte Fachwerkhäuser im Zentrum, dazu einen malerischen Spazierweg an der Stadtmauer entlang zu den drei noch erhaltenen Stadttoren. Feriengäste fahren mit der Draisine auf der ehemaligen Nebenstrecke von Templin Richtung Fürstenberg, die von der Deutschen Bahn 1996 endgültig stillgelegt worden ist oder besuchen die Westernstadt El Dorado am nahen Röddelinsee. Nun hat sich sogar eine Bürgerinitiative gebildet, die das seit Jahren im Verfall befindliche Joachimsthalsche Gymnasium wiederbeleben will. Das alles tue der Stadt gut, da sind sie sich an diesem Nachmittag im Friseurgeschäft einig, Beschäftigte wie Kunden. Auf ihren Umsatz hätte dies zwar keinen großen Einfluss, macht Margit Sydow klar. „Aber auf die Stimmung."

Angela Merkel war bescheiden und freundlich

Als insgesamt gelassener empfindet ihr Sohn diese seit der Wende, allen Jobängsten zum Trotz. Und deshalb ist Margit Sydow auch gar nicht unzufrieden mit dem, was die große Tochter der Stadt da im nahen Berlin so treibt. „Ich finde, sie hat das insgesamt ganz gut gemeistert", fasst sie das Jahrzehnt unter der Kanzlerin wohlwollend zusammen. Es ist diese unprätentiöse Art von Angela Merkel, die ihr nach wie vor imponiert. Insofern habe diese sich auch nicht allzu sehr verändert seit ihren Besuchen im Friseurladen, lange vor ihrem Physikstudium in Leipzig und der politischen Karriere. „Sie war eine normale Schülerin, mit ganz natürlichem Auftreten", sagt Sydow. Als bescheiden und freundlich hat sie die Pfarrerstochter in Erinnerung. Und nicht einmal für die in der Öffentlichkeit häufig belächelte Frisur in ihren politischen Anfangsjahren muss man sich in Templin rechtfertigen. Diese war bereits das Werk der Kollegen in Bonn und Berlin.

Matthias Bruck, Reporter

„Da wurde viel Geld verbrannt.“

Ein Gespräch mit Matthias Bruck ist Drama und Komödie zugleich. Sorgenvolle Analyse mischt sich bei ihm mit echter Begeisterung. Der Reporter aus Prenzlau kommt eben viel rum. Er weiß, wie innerlich zerrissen die Leute sein können, hier in diesem Landstrich im äußersten Nordosten. „Wir Journalisten müssen auf die Demokratie aufpassen", mahnt er etwa, denn er befürchtet Verwerfungen in der Region, wenn in der wirtschaftlichen Entwicklung noch mehr Menschen auf der Strecke bleiben sollten. Gleichzeitig versucht er den Uckermärkern klar zu machen, welch toller Menschenschlag sie doch seien: „Die Leute haben keinen Grund, nicht stolz auf sich zu sein", sagt er. Es ist für ihn eben beides richtig.

Kein Träumer: Reporter Matthias Bruck hat Segen und Fluch des Kapitalismus selbst erlebt. Das hilft ihm, die Menschen der Region zu verstehen.

Denn Bruck ist kein Träumer, der 48-Jährige hat Segen und Fluch des Kapitalismus selbst erlebt. Er, der die Wende als Journalist bei der DDR-Nachrichtenagentur ADN in Leipzig hautnah miterlebt und beschrieben hat, fand sich im neuen System schnell zurecht, wurde gar Redaktionsleiter bei der Regionalzeitung Nordkurier. „Eine spannende Zeit", sagt er heute. Doch seine von ihm verantwortete Lokalausgabe für Angermünde und Templin wurde rasch eingestellt. Die Märkische Oderzeitung ist heute alleinige Lokalzeitung in beiden Städten. Ein erster Nackenschlag für Bruck, doch immerhin durfte er im Anschluss als Reporter für die gesamte Uckermark für die weiterhin erscheinenden Nordkurier-Ausgaben in Prenzlau und Schwedt schreiben. „Ich machte damals die schönen Geschichten", erinnert er sich. 2002, im Zuge der ersten großen Zeitungskrise, war damit allerdings ebenfalls Schluss.

Er träumte, wie viele, von einer besseren DDR

Doch Matthias Bruck hat sich durchgebissen. Er hat sich selbständig gemacht und jahrelang für ganz viele Medien gearbeitet, unter anderem für den RBB und die inzwischen untergegangene Nachrichtenagentur ddp. Dazu war er gut vernetzt. So ergab sich für ihn 2010 die Chance, auf Zeit die Seite zu wechseln. Bis 2013 fungierte er dann für die in Prenzlau ausgerichtete Landesgartenschau als Sprecher. Ein bisschen ist er das bis heute geblieben, wenn er von dem damit verbundenen Hochgefühl schwärmt, für das die LaGa gesorgt habe. Die Prenzlauer, sagt Bruck, „haben ihre Stadt mit Stolz präsentiert".

Stolz – der Begriff fällt beim Reporter Bruck auffallend häufig, möglicherweise, weil er diesem Gefühl so selten begegnet bei seinen Recherchen. Das sei ja das Problem, gerade der Älteren hier, meint er. „40 Jahre lang hätten sie ein falsches Leben geführt, so wurde es ihnen von vielen Seiten suggeriert." Dabei seien es ja die DDR-Bürger gewesen, die die unblutige Revolution ermöglicht hätten. Für ihn selbst sei die Wende im Übrigen bereits am 9. Oktober 1989 gewesen, sagt er. „Es war die erste große Montagsdemo, die nicht von der Polizei niedergeknüppelt wurde." Er, der als Student wie viele andere Fan von Gorbatschow war, hatte die vorangegangene Phase in der DDR als „bleierne Zeit" empfunden. Und deshalb sei man bei den aufkommenden Protesten im Ziel weitgehend einig gewesen. „Wir wollten nicht den Anschluss an die BRD. Wir wollten eine bessere DDR", sagt Bruck. Im Rückblick bezeichnet er dies allerdings selbst als „ziemlich blauäugig".

„Da gab`s Schulungen, da fällt einem nichts mehr ein."

Bekanntlich kam es anders – und mit der Wende die freie Marktwirtschaft in einen nahezu bankrotten Wirtschaftsraum. Sicherlich, sagt Matthias Bruck, es habe damals jede Menge Arbeitsbeschaffungsmaßnahmen gegeben, um die Menschen vor dem Absturz zu bewahren. Regine Hildebrandt, seinerzeit Arbeits- und Sozialministerin in Brandenburg, habe viel gewirbelt und es auch gut gemeint. „Aber das war nicht nachhaltig. Da wurde viel Geld verbrannt", meint der Reporter. Er sei im Gegenteil davon überzeugt, dass die Leute durch die Maßnahmen bewegungslos gehalten worden seien und keinerlei Perspektiven entwickelt hätten. Ein ABM-Programm etwa sollte Uckermärker dazu befähigen, schneller Erdbeeren zu pflücken als polnische Gastarbeiter. Er schüttelt den Kopf. „Da gab`s Schulungen, da fällt einem nichts mehr ein."

Doch das ist Vergangenheit, seit der LaGa blickt auch Matthias Bruck wieder nach vorne. Er, der nun vor allem wieder als Reporter für den Nordkurier unterwegs ist, bleibt aber Realist. Er denkt vor allem an die vielen Langzeitarbeitslosen, Menschen, die seit Jahren nicht mehr am Arbeitsleben teilgenommen haben. Die seien arm dran, findet er. „Disziplinierung, Struktur, das fällt alles weg." Er wolle dabei keinesfalls den Betroffenen allein die Schuld geben. Klar sei aber, dass eine solche Situation auch immer Futter für die

Radikalen sei, insbesondere von rechts. Immer wieder gibt es diesbezüglich Probleme in der Region. Bruck selbst findet es „verrückt, dass die Ausländerfeindlichkeit immer da am höchsten ist, wo die wenigstens Ausländer leben". Und in der Tat: Der Ausländeranteil in der Uckermark lag 2013 bei gerade einmal 2,2 Prozent.

Deshalb findet Matthias Bruck es gut, dass zu den paar Vietnamesen vor Ort, von denen die meisten einen Imbiss betreiben, in den letzten Jahren vor allem immer mehr Polen kamen. Ob diese nun billig Bauernhöfe kaufen würden oder sich günstig irgendwo Atelierraum schaffen, egal, das täte der Region gut. „Das durchmischt sich langsam, das ist prima", sagt Bruck. Für ihn als Journalist sei es nun die Aufgabe, diese Entwicklung zu begleiten. Auch die Kultur und das Vereinsleben draußen auf dem Dorf dürfe man nicht vergessen. „Es passiert ja einiges hier", sagt Bruck – und bekommt schlagartig wieder gute Laune.

Die Uckermärker haben was zu erzählen, findet der Reporter

„Ja", meint er dann und grinst breit. „Die Uckermärker sind ein eher verschlossenes Völkchen, ein bisschen maulfaul. Aber wenn man sie mal gewonnen hat, haben sie was zu erzählen." So hat der 48-Jährige auch immer etwas zu schreiben. In jüngerer Vergangenheit unter anderem darüber, dass man sich in der Region gegen die zunehmend die Landschaft verunstaltenden Windräder wehrt, auch im Hinblick auf die Feriengäste. Unter der etwas großspurigen Parole „Rettet die Uckermark" (RdUM) saß eine Bürgergemeinschaft, die gegen die Verspargelung kämpft, seit 2008 mit vier Vertretern im Kreistag. Bis, ja bis bekannt wurde, dass deren Vorsitzender selbst Land an Strombetreiber verkauft hat. Die Initiative habe dadurch natürlich schwer Schaden genommen, sagt Bruck. RdUM hat seit den Kreistagswahlen im Juni 2014 nur noch einen Sitz im Parlament – und der Reporter wieder ein Thema.

Sandra Baumgart, Eisverkäuferin

„Jeden Tag an der frischen Luft."

Ob es in Schwedt wohl einen Arbeitsplatz gibt, der eine schönere Aussicht bereithält als der von Sandra Baumgart? Denn wenn die 29-Jährige zu ihrem Dienst erscheint, blickt sie direkt auf die alte Oder, dahinter beginnt gleich der Naturpark Unteres Odertal. Hier am Bollwerk, wo noch bis weit in die 90er-Jahre hinein Frachtschiffe beladen wurden, trifft sich heute halb Schwedt. 2007 wurde die schicke Uferpromenade fertig und so ziemlich in der Mitte lockt das einzige gastronomische Angebot am Kanal: der Eiswagen. Dieser ist bei den Spaziergängern längst Kult – und Sandra Baumgart freut sich, hier einen Job gefunden zu haben, zumindest von Februar bis November.

Job mit Aussicht: Für Sandra Baumgart ist ihre Arbeit als Eisverkäuferin beinahe ein Traumberuf. Wenn nur die Winterpause nicht wäre.

Für sie als Alleinerziehende ist selbst das keine Selbstverständlichkeit. „Wenn Frauen Kinder haben, dann haben sie im Berufsleben schlechte Karten", so ihre leidvolle Erfahrung. Bei Vorstellungsgesprächen sei das stets die erste Frage: Wie sie das denn schaffen wolle, mit Job und Kind? „Ich finde das diskriminierend", sagt Baumgart und guckt plötzlich finster. Denn eigentlich ist die junge Frau eine Frohnatur – und hat bislang immer alles geschafft. Auch ihre Bäckerlehre, sogar als Regionalbeste. „Obwohl ich bei der Prüfung im sechsten Monat schwanger war", erzählt sie. Da habe sogar ihr damaliger Lehrmeister nicht schlecht gestaunt.

Über Ost-West-Kabbeleien kann sie herzlich lachen

Um beruflich überhaupt eine Perspektive zu haben, war Sandra Baumgart nach der Oberstufe der Gesamtschule in Schwedt 2004 zur Ausbildung nach Flensburg gegangen. Die hätten sich dort sehr gefreut, einen volljährigen Azubi zu bekommen, erklärt sie. „Ich durfte nämlich auch nachts arbeiten, manchmal ging es schon um 23 Uhr los." Ihr hat das nichts ausgemacht, sie sei mit Leib und Seele Bäckerin gewesen. Die Stimmung im Betrieb war ohnehin klasse, auch wenn ihr der Meister immer geraten habe, sich für ihr Auto endlich ein deutsches Kennzeichen zu besorgen. Doch über solche Ost-West-Kabbeleien kann sie noch heute herzlich lachen. Weniger schön war allerdings, dass ihre damalige Beziehung in Flensburg auseinanderging. Nur deshalb zog sie als junge Mutter wieder in ihre alte Heimat zurück, in die Nähe der Eltern. „Papa war immer Babysitter Nummer eins", sagt sie und ist ihm dafür ausgesprochen dankbar.

Als der kleine Jamie zweieinhalb war, ist die Schwedterin dann auch wieder arbeiten gegangen. Bei einem Bäcker hat sie zwar nichts gefunden, aber in der örtlichen „Weltbild"-Filiale – die dann prompt mit dem Gesamtunternehmen in die Krise geriet. Obwohl, so ganz stimmt das nicht. „Wir waren die einzige Filiale in Brandenburg, die schwarze Zahlen schrieb. Trotzdem wurde 2012 dichtgemacht", ärgert sich Baumgart bis heute, ein weiterer Rückschlag in ihrer Erwerbsbiographie. Doch glücklicherweise hatte sie damals Kontakt zur Chefin eines Eiscafés in ihrem Heimatort nicht weit von Schwedt. Nur spaßeshalber habe sie bei dieser eine Bewerbung abgegeben – und prompt hat es geklappt.

„Das war mal eine richtige Rumpelecke."

Nun steht die 29-Jährige also neun Monate im Jahr hinter dem Tresen, verkauft Eisgenuss in Tüten, stets mit einem Lächeln. Das ist keineswegs aufgesetzt. „Für mich ist die Arbeit wirklich optimal", versichert sie. „Ich bin jeden Tag an der frischen Luft, ich habe Kontakt zu Menschen und der Blick ist ja wohl fantastisch." Dabei kann sie sich noch gut daran erinnern, wie es bis zur Jahrtausendwende hier aussah. „Das war mal eine richtige Rumpelecke", meint sie. Als am Bollwerk noch Kohle abgeladen worden sei, habe es am Kanal auch Ratten gegeben. „Und das nicht zu knapp".

Heute ist die Promenade dagegen ein echtes Schmuckstück. Hier treffen sich Rentner zum Spaziergang genauso wie Jugendliche zum ersten Knutschen. Und auch für Familienausflüge ist die Mischung aus gepflegtem Park und teils naturbelassenen Uferböschungen ideal. Im Kindergarten ihres Sohnes sei sie deshalb auch gleich erkannt worden. „Du bist doch die vom Eiswagen", hätten sie dort gesagt, erzählt Sandra Baumgart mit einem Grinsen. Noch bekannter ist nur noch ihr Chef, ein echtes Schwedter Original. Der sitzt gerne mit Strohhut auf dem Kopf im Gartenstuhl an der Promenade und hält mit den Flaneuren einen Plausch, freche Sprüche inklusive. Auch das ist eine Form der Kundengewinnung.

Sandra Baumgart hat es also wieder einmal geschafft, hat als Eisverkäuferin beinahe ihren Traumjob gefunden. Wenn da nur die

Winterzeit nicht wäre. „Dann bin ich drei Monate arbeitslos", erzählt sie. Trotz vieler Bewerbungen hätte sich bislang nie etwas ergeben für die Zeit, in der ihr Eiswagen in die Winterpause geht. Doch sie will sich nicht beschweren. Es habe sich ja insgesamt viel verändert in Schwedt, durchaus zum Positiven. In ihrer Jugend, die sie im Nachbardorf Berkholz verbrachte, sei noch viel weniger geboten gewesen, erinnert sie sich. Sie habe viel gelesen oder sei mit dem Fahrrad zu Freunden gefahren. „Mehr war da nicht."

Sie hat die Hoffnung, dass auch andere zurückkommen

Als sie dann nach Flensburg ging, hatte sie sich aus diesem Grund eigentlich geschworen nie wieder zurückzukommen. Sie hatte mit der Uckermark abgeschlossen. Sandra Baumgart weiß, dass auch heute noch viele so denken. „Die Jugend zieht nach wie vor weg", wie sie im Bekanntenkreis beobachtet. Aus gutem Grund wohl. Die Ausbildungsmöglichkeiten in der Region seien wahrlich nicht allzu gut, selbst bei PCK werde immer mehr Personal abgebaut, hat sie gehört. „Extrem schade", findet sie das. Und doch hat Baumgart die Hoffnung, dass einige von den Jungen zurückkommen werden, irgendwann, so wie sie.

Was sie so optimistisch macht? „Das Umfeld", sagt die junge Mutter – und meint damit nicht nur die Leute, die direkt und offen seien, was sie sehr schätzt. Es geht der 29-Jährigen auch um die Landschaft. „Die Felder, das Odertal, die Seen, ich finde das herrlich", gerät sie ins Schwärmen. Diesen Reiz erkenne man aber wohl erst, wenn man ein wenig älter werde und wenn man mal weg war. „Dafür kriegt man dann einen Blick." Für die Eisverkäuferin vom Bollwerk gilt das wohl in doppelter Hinsicht.

Reinhold Weiser, Unternehmer

„Einmal mehr aufstehen als man hinfällt."

Reinhold Weiser ist ein Unternehmer, wie er im Buche steht. Oder das Gegenteil. Es kommt ganz auf die Sichtweise an – oder den Lebensabschnitt. Weiser arbeitete in den 80er-Jahren in einer Baugruppe in der Berliner Hausbesetzerszene und war später Geschäftsführer einer Sanitärfirma; er führte mit Partnern eine Firma für Solarkollektoren mit mehr als 80 Mitarbeitern und war wenige Jahre später pleite. Heute beschäftigt der Diplomingenieur in Angermünde wieder rund 20 Mitarbeiter – und wurde für sein Unternehmen mit dem Zukunftspreis des Landes Brandenburg ausgezeichnet. Bei einem wie ihm scheint alles möglich.

Der Welt etwas Gutes tun: Reinhold Weisers Firma produziert erfolgreich Röhrenkollektoren. Dafür wurde sie 2012 vom Land ausgezeichnet.

Ja, sagt der 55-Jährige und lacht verschmitzt: „Erfolg, das ist, einmal mehr aufzustehen als man hinfällt." Es klingt so einfach. Der in West-Berlin geborene Weiser ist aber in der Tat einfach immer wieder aufgestanden, weitergegangen. Von der linken Baugruppe zur selbstverwalteten Sanitärfirma, vom eigenen Handwerksbetrieb in die Photovoltaik-Branche. Es war sein erstes großes Ding. Die Firma hatte Weiser direkt nach der Wende mit Partnern in Eberswalde gegründet. Schnell hatte man 80 Mitarbeiter für die Entwicklung und Produktion von Flachkollektoren eingestellt, das Geschäft florierte. Bis zu dem Tag, als der damalige Wirtschaftsminister Werner Müller 2001 die Förderung für Energieanlagen abrupt gestoppt habe, wie sich Weiser erinnert. Es war ein Schock. „Müller ist später in den Vorstand von Evonik gegangen. Und wir in die Insolvenz", sagt er und es klingt noch immer bitter.

Selbst in der Mongolei ist die Firma präsent

Woher Reinhold Weiser dann den Mut nahm, 2008 noch einmal neu anzufangen? Es ist wohl die Sache mit dem „Aufstehen". Die AcoTec Produktionsgesellschaft mbH, die er damals mitgründete, entwickelt und fertigt seitdem Röhrenkollektoren für die Wärmegewinnung. Solarthermie sei ein Zukunftsmarkt, anders als die vor allem durch Billigimporte aus China in die Krise geratene Photovoltaikbranche, erklärt der Ingenieur. Durch spezielle Vorteile seiner Eigenentwicklung, unter anderem hohe Effizienz und werkzeuglose Montage vor Ort, habe man sich in den Jahren eine gute Marktposition in Europa aufgebaut und inzwischen sogar darüber hinaus. In den USA, in Kanada, selbst in der Mongolei sei man präsent, sagt er. Australien soll bald ebenfalls dazukommen.

Dass Reinhold Weiser für sein „gesundes, kleines Unternehmen" 2012 vom Land Brandenburg ausgezeichnet wurde, empfindet dieser als Anerkennung für sich und das Team. „Und man bekommt Öffentlichkeit, das ist am meisten wert." Denn insgesamt sei eine Unternehmensführung von Angermünde aus eher schwierig, findet er. Nun gut, die Immobilienpreise und das Lohnniveau sprächen für den Standort. Andererseits sei in der Uckermark aber „der Sinn für Gemeinsamkeit nicht so ausgeprägt". Es gebe in Angermünde beispielsweise keine städtische Wirtschaftsförderung. „Das muss man sich mal vorstellen." Als wirklichen Lichtblick empfindet der Firmengründer daher die vom Kreis initiierte Markenpartnerschaft Uckermark. Wenn ganz viele Akteure, darunter auch AcoTec, unter gemeinsamem Logo auftreten, führe das „zu einer Aufwertung der ganzen Region". Von dieser Initiative abgesehen müsse man hier jedoch selber etwas auf den Weg bringen – oder weggehen. Viele gute Leute hätten dies bereits getan.

Bei AcoTec selbst spüren sie das ebenfalls: Es sei für ihn immer schwieriger, gutes Personal zu finden, wie Reinhold Weiser sagt. Ingenieure oder Heizungsmeister beispielsweise seien schwer zu kriegen. Das Problem fängt aber schon bei den Auszubildenden an. Drei Jahre lang habe er etwa vergeblich nach einem fähigen Auszubildenden zum Mechatroniker gesucht, erzählt er. Es war nichts zu machen. Weiser bietet deshalb immer wieder Ferienjobs an, um junge Leute an das Unternehmen heranzuführen. Vakuumröhrenkollektoren scheinen allerdings nicht allzu sexy zu sein. „Die Besten wollen dann doch lieber Autos schrauben."

In Angermünde haben die Menschen „wenig Welterfahrung"

Dieses Fachkräfteproblem will der Unternehmer allerdings nicht an der Uckermark alleine festmachen. Das sei „typisch ländlicher Raum", meint er. „Schauen sie sich doch mal das Emsland an. Da sieht es nicht anders aus." Es gebe einfach strukturschwache Gebiete. Eines allerdings habe er festgestellt: Angermünde sei eine Stadt, in der die Menschen „wenig Welterfahrung haben". Es gebe beispielsweise viele, durchaus auch Jüngere, die kein oder kaum Englisch könnten. Für eine Firma, die weltweit agiert, in der Regel ein

Ausschlusskriterium. Allerdings kennt der 55-Jährige auch positive Beispiele von weltläufigen Bewerbern, die nach einer Zeit außerhalb der Heimat nun zurückkommen wollen. „Sogar aus der Hauptstadt", sagt der Berliner und lacht.

Und so ist es für den 55-Jährige gar keine Frage, dass er weitermacht. Wärme gewinnen aus Sonnenenergie, für ihn ist auch das ein wichtiger Aspekt der ihn antreibt. "Das ist mein Versuch, der Welt etwas Gutes zu tun", sagt er. Nie sei es für ihn zum Beispiel in Frage gekommen, als Ingenieur in der Waffentechnik tätig zu werden. Es ist der offensichtlich noch immer linke Geist aus der Hausbesetzerzeit, der ihn auch als Unternehmer nie ganz verlassen hat. Auch seinen kritischen Blick hat er, seinem freundlichen Naturell zum Trotz, stets behalten. „Wenn wir so weiterwirtschaften mit der Welt", warnt er, „ist das Ende absehbar."

Die großen Grundstücke sind für ihn Lebensqualität

Ach, sagt Reinhold Weiser dann. Das klänge jetzt schon sehr fatalistisch. Viel lieber möchte er noch erzählen, dass er das Leben hier wirklich sehr genieße. Schon immer habe er mal aufs Land ziehen wollen und diesen Entschluss nie bereut. „Die Uckermark ist wunderschön", zeigt er sich begeistert. Damit meint Weiser unter anderem auch sein Haus mit altem Baumbestand drum herum, das er mit seiner Frau bewohnt. Diese, eine begeisterte Saxophonistin, habe die Vorzüge der Gegend ebenfalls schätzen gelernt. Denn wenn sie Lust dazu habe, spiele sie auch nachts. Kein Problem: „Die Grundstücke hier sind so groß, das stört keinen. Für mich ist das auch Lebensqualität." Und Berlin, seine alte Heimat, ist nicht weit. Die Regionalbahn braucht keine Stunde. Ohne Umsteigen.

Heino Zingelmann, Künstler

„Ich habe einfach weitergemalt."

Heino Zingelmann sitzt am idyllischen Mündesee und blinzelt in die Sonne. Hier, sagt er, „gibt es alles, was mit A anfängt. Angler, Ackerbauern, Altenpfleger." Der Mann ist ein Freund des leisen Spotts. Doch nicht, dass man ihn falsch versteht. Er mag das Städtchen Angermünde. Als er vor sechs Jahren hierherzog, hat er sich sofort in dessen norddeutsches Flair verliebt. Doch Flair alleine reicht eben nicht. „Weil die Jungen verschwinden, sind hier bald nur noch alte Leute", sagt Zingelmann. Ihm macht das Sorgen, er ist auch schon 55.

Kein freies Dasein: Künstler Heino Zingelmann vor einem seiner Werke. Für seinen Lebensunterhalt reichen die Erlöse seit der Wende nicht aus.

Wie zum Beweis sind an diesem Vormittag mal wieder keine jungen Leute zu sehen, eigentlich überhaupt niemand. Nur Heino Zingelmann auf der Parkbank. Vielleicht liegt es auch daran, dass heute Montag ist und die wenigen, die noch da sind, einer Arbeit nachgehen. Zingelmann dagegen hat Zeit. Er ist Künstler, malt, zeichnet dann und wann - und hofft auf Aufträge. Das allerdings tut er schon seit fast 30 Jahren, vergeblich meist. Seit der Wiedervereinigung lebt er im Prinzip von Sozialleistungen.

„Aus dem Westen kam der ganze Plastikscheiß"

Für ihn war die Wende ein Segen. Einerseits. „Ich habe einfach weitergemalt", sagt er, das Geld vom Staat gab ihm die nötige Sicherheit. Er hat ausgestellt, unter anderem im legendären Café Nöö in Halle, in der Stadt, in der er zuvor schon im Gemeindehaus einer Kirche seine erste Vernissage hatte. Im Keller hat eine Punkband gespielt. Zingelmann fand das ziemlich klasse. Andererseits: Die Karnevalsmasken und Lampenschirme, die er mit seiner damaligen Partnerin angefertigt und für den Lebensunterhalt verkauft hatte, waren plötzlich gar nicht mehr gefragt. 1990 haben die beiden ihre neue Freiheit zwar noch zwei Mal genutzt, stellten sich in Hamburg-Altona mit ihren Werken zwischen die dortigen Flohmarktstände, doch der Absatz war überschaubar. „Aus dem Westen kam der ganze Plastikscheiß", begründet der Künstler, warum er heute noch alte Masken in einer Schachtel in seiner kleinen Angermünder Wohnung aufbewahrt.

Es hat eben nie ganz geklappt, „ein freies Dasein zu führen und von meiner Kunst zu leben". So hatte sich Heino Zingelmann das Ende der 80er-Jahre vorgestellt, als er sich endgültig gegen einen Job in der Industrie entschied. In seiner Heimatstadt Lübz hatte er in der dortigen Zuckerfabrik nämlich zuvor „sogar einen richtigen Beruf gelernt". Er grinst. Facharbeiter für Betriebs-, Mess-, Steuerungs- und Regelungstechnik (BMSR) durfte er sich in schönstem

DDR-Slang nennen; im Sommer Langeweile in der BMSR-Reparaturwerkstatt, im Winter Schichtdienst an der Zuckerschleuder. Der gleiche Job später in Zeitz in Sachsen-Anhalt, wo er wegen einer Frau hingezogen war. Kein erfüllender Beruf für ihn, der damals schon gemalt hat. „Immer donnerstags im Clubhaus Georgi Dimitrow. Wir haben uns die Modelle von der Straße geholt", erinnert er sich gerne an diese Zeit. Weniger jedoch an seine Episode in Weißenfels, wo er wieder der Liebe wegen hinzog und in den nahen Leunawerken eine Arbeit fand. Ein Jahr hielt er das nur aus, dann hat Zingelmann gekündigt. „Zu dreckig und zu rostig", befand er die Arbeit in dem völlig runtergekommenen DDR-Betrieb. Es war sein letzter fester Job.

Ausstellung für Touristen und eine Pfadfindergruppe

Denn leider war seine Bewerbung an der Kunsthochschule in Halle damals nicht erfolgreich. „Ich hatte kein Abitur, das war wohl der Knackpunkt", vermutet er. Am Talent, da ist der 55-Jährige sicher, könne es nicht gelegen haben. Denn ganz im Stile der Leipziger Schule, die er bis heute bewundert, hat er mit seinen gegenständlichen Werken anderswo durchaus für Aufsehen gesorgt. Im Juni 2012 etwa hatte er eine Einzelausstellung in der Angermünder Klosterkirche, aber es waren nur ein paar Touristen da und eine Pfadfindergruppe. Bei den Kulturtagen hat er im April 2014 erstmals ausgestellt und drei Aquarelle verkauft, immerhin. Und ja, die Urkunden für die Schachmeisterschaften der Puschkin-Schule durfte er vor kurzem gestalten. „Ich mach ja auch Grafik, ich hab da keine Berührungsängste."

Dass er dennoch bis heute auf Harz IV angewiesen ist, hat Heino Zingelmann längst akzeptiert. „Auch wenn man für andere dann als Loser gilt." Jetzt ist er zudem im Programm „Allianz 50plus" von Jobcenter und Bildungswerk gelandet, aber viel kommt laut ihm dabei nicht rum. Drei Vorträge im Monat und ein paar Einzelgespräche. „Ich habe ja gehofft, dass ich mal in die Werkstätten des Bildungswerks komme, aber nischt", sagt er. Es ist ja nicht das erste Mal, dass er enttäuscht wird. 2007 zum Beispiel hatte er gesundheitlich Probleme, sollte im Anschluss in einer Adaptions-Einrichtung „fit gemacht werden für den Arbeitsmarkt", wie er es nennt. In der Leipziger Theaterfabrik durfte er ein Praktikum als Kulissenmaler machen. „Das war schon geil", platzt es aus ihm heraus. Wie er denen damals ein hübsches Hexenhäuschen für Hänsel und Gretel hingezaubert hätte oder eine Windmühle für Don Quijote. Einen Job hätten sie ihm versprochen, er habe sich Hoffnungen gemacht. „Aber das waren auch Gauner, die suchten bloß billige Arbeitskräfte."

An die sozialistische Idee hat er schon geglaubt

Als Kapitalismuskritiker will sich Heino Zingelmann deshalb nicht aufschwingen, er müsse nun eben mit dem Vorwurf des Sozialschmarotzers leben. Ob es im Sozialismus besser geworden wäre? „An die sozialistische Idee habe ich schon geglaubt. Aber Honecker und Konsorten haben es einfach vergeigt." Und so steht er nun in seiner Wohnung, nicht weit vom See, blättert in seiner Mappe, in der die meisten Sachen schon sehr alt sind, und wird ein wenig wehmütig. „Ich hoffe, dass ich noch 20 Jahre lebe – und ein paar Bilder male", sagt er dann. Und auch wenn es ein wenig einsam ist im schönen Angermünde, seine einzige Tochter weit weg im Saarland, zudem kaum jemand da, mit dem er sich über Kunst austauschen kann, will er bleiben. Zwölf Mal sei er allein in Halle umgezogen, sagt er. Das sei vorbei, jetzt wolle er sich hier mal festsetzen. „Mit 54", sagt er, „ist man nicht mehr auf Wanderschaft."

Nadine Wunsch, Landhausbetreiberin

„Wir machen ein Erlebnis draus."

Nadine Wunsch ist viel rumgekommen in ihrem Leben: In Berlin ist sie geboren, in der Uckermark aufgewachsen, hier hat sie auch ihre Ausbildung zur Köchin gemacht. „Dann bin ich ein bisschen durch die Gegend getingelt", wie sie selber sagt. Sie hat sich in Hamburg zur Hotelfachfrau ausbilden lassen, arbeitete in Düsseldorf und in Berlin, war in der Gastronomie tätig, in der Unternehmensberatung, im Finanzsektor. Doch nun, so scheint es, ist die heute 35-Jährige angekommen, in der Uckermark, der alten Heimat. Hier betreibt sie seit 2008 ein Hotel in Buchenhain, ganz im Westen des Landkreises. „Und jeden Tag kommt jemand rein und sagt: Schön, dass ihr was macht."

Freiräume, sich auszuprobieren: In ihrem Landhaus gleicht Nadine Wunsch fehlende Infrastruktur durch Ideen aus. Das sei der Trick.

Was machen – das tun hier in der Hügel- und Seenlandschaft, mitten im Naturpark, offenbar zu wenige. Und Nadine Wunsch kann das gar nicht verstehen. „Ich denke, dass die Uckermark auch Freiräume bietet, sich auszuprobieren", sagt sie. „Es ist ja nicht allzu viel da, es gibt kaum Konkurrenz." Das sei sehr hilfreich, um Sachen wachsen zu lassen, glaubt sie. Und das insgesamt niedrige Lohnniveau helfe auch, gerade am Anfang. Für sie jedenfalls hat sich die Rückkehr gelohnt.

Die Banken haben sich bei der Finanzierung geziert

Dabei war das gar nicht ihr Plan. Es war die Zeit, als Nadine Wunsch ihr erstes von mittlerweile drei Kindern bekam, als sie ein Jahr in der Uckermark verbrachte. Während ihr Mann, wie heute noch, in Berlin arbeitete, ließ sie sich hier verwöhnen, wie sie erzählt. „Bei meiner Mutter, im Liegestuhl, Baby auf dem Bauch, Blick auf den See." Sie lacht. Als eines Tages ihr Vater davon berichtete, dass ein Teil ihres alten Ausbildungsbetriebes zu verkaufen sei, hätte sie damit zunächst nichts anzufangen gewusst. Selbständig? Sie? Dann allerdings hätten sich ihre Gedanken überschlagen: Sie rief spontan eine Freundin an, die damals ohne Job war, ob sie sich denn vorstellen könnte, das gemeinsam zu stemmen. Sie konnte, doch die Banken zierten sich. „Ich konnte ja keine Referenzen als Selbständige vorweisen, da war nichts zu machen", sagt Nadine Wunsch. Sie hat dann zum Glück zwei private Geldgeber gefunden. Im Oktober 2008 ging's los mit ihrem Hotel.

Obwohl: Ganz korrekt sei das nicht, korrigiert sie. „Wir sind eigentlich kein Hotel, dazu fehlt uns zum Beispiel der Wellnessbereich." Die 35-Jährige spricht lieber vom Landhaus Arnimshaim. Denn auch die Infrastruktur in Buchenhain, einem Teil der Gemeinde Boitzenburger Land, lässt zu wünschen übrig. So fährt beispielsweise nicht einmal ein Bus in die nahe Kreisstadt Prenzlau. Das muss aber kein Nachteil sein, wenn man Ideen hat. Die Betreiberin holt Gäste nun gerne selbst am dortigen Bahnhof ab. Dies empfänden diese nicht nur als sehr persönlichen Service, sie verbindet die kleine Tour oft noch mit einem Besuch der regionalen Käserei einer Bekannten. „Strukturschwach, egal. Wir machen ein Erlebnis draus", sagt Wunsch. Das sei der Trick.

Auch ihrem Hotel, also dem Landhaus, hat sie nicht versucht, ein Konzept überzustülpen. Nicht das sonst so beliebte Romantikwochenende stehe im Mittelpunkt, vielmehr sind es jetzt Fahrradtouristen und jede Art von Gruppen, ob bei Tagungen, Geburtstagen oder Hochzeiten. Essen und Trinken können bis zu 150 Gäste, 50 davon auch übernachten. Sollte das einmal nicht ausreichen, kooperiert Wunsch regelmäßig mit Nachbarhäusern, die sich dann über zusätzlichen Umsatz freuen. So denkt die Unternehmerin, spricht vom Geben und Nehmen, das ihr wichtig sei. Und gar keine Frage, dass ihre damals arbeitslose Freundin bis heute für sie im Einsatz ist. „Meine Perle", nennt sie diese liebevoll. Nicht ohne Grund: „Ohne jemandem, der einem mal die Last abnimmt, wäre das gar nicht zu stemmen, schon gar nicht mit drei Kindern."

Klimafreundlich und regional – die Gäste honorieren das

Jetzt ist es ein Segen, dass sie damals von den Banken keinerlei Hilfe bekam. Ihre privaten Geldgeber lassen ihr hingegen eine gewisse Flexibilität bei der Rückzahlung des Kredits. Das eröffnet wiederum neue Chancen für die Gastronomin. Und so hat sie etwa ihr Anwesen als klimafreundliches Landhaus umbauen können. Seit 2011 wird es vornehmlich mit Erdwärme aus 130 Metern Tiefe beheizt, der Strom kommt vom Ökoanbieter und die Lebensmittel überwiegend von regionalen Biobauern. Ihre Gäste honorieren das, der Laden läuft. Fünf Jahre hätte sie sich anfangs gegeben und im Zweifel auch ein Altenheim aus dem Anwesen gemacht, sagt sie. Doch danach sieht es jetzt, nach Ablauf der selbstgesetzten Frist, wahrlich nicht aus.

Schwierigkeiten hat die Unternehmerin wie viele allenfalls bei der Personalsuche: Sicherlich, man habe viele Arbeitslose im Kreis. „Aber das sind ja nicht die ausgebildeten Fachleute." Sie schüttelt den Kopf. Ja, sagt sie dann, viele Probleme in der Region seien selbstgemacht, es gebe einfach einen Anteil an bequemen Zeitgenossen, die sich in Harz IV eingerichtet hätten. So lange man damit als Familie meist mehr zum Leben habe, als mit einem oder sogar zwei Gehältern, würden sich viele eine tägliche Arbeit gar nicht antun, glaubt sie. „Alle, die von sich aus einen Antrieb haben, sind in Arbeit. Bei den anderen geht es nur über den Geldhahn." Die sonst so charmante Mittdreißigerin wirkt plötzlich äußerst resolut.

Rentner packen mit an, die Arbeitslosen fehlen

Doch nicht allzu lange, das ist nicht ihre Art. Viel lieber erzählt sie dann begeistert von all den Mitmenschen, die anpacken. Jüngst habe man bei einer 96-Stunden-Aktion eines lokalen Radiosenders die alte Feuerwache bei Schloss Boitzenburg wieder auf Vordermann gebracht. Dort soll nicht nur eine Informationsstelle für Touristen entstehen, darüber hinaus eine offene Bibliothek und eine Ausstellungsfläche für regionale Künstler. Auch wenn die neue Attraktion rund acht Kilometer vom Landhaus entfernt ist, gehörte Nadine Wunsch zu den treibenden Kräften. „Es ist mein Charakter, auch mal links und rechts zu schauen", erklärt sie. „Nur so funktioniert gemeinschaftliches Miteinander."

Umso mehr freute sie sich deshalb über die anderen Selbständigen, die Arbeitskraft und Material für die gute Sache einbrachten. Und über die vielen Rentner, „die den Pinsel schwingen und sich einsetzen, obwohl sie eigentlich gar nichts davon haben". Dass unter den Helfern hingegen kein einziger Arbeitsloser war, überrascht Nadine Wunsch nicht. Die, meint sie lapidar, „sitzen wahrscheinlich zu Hause vor ihrem Flachbildschirm."

Silvio Moritz, Wirtschaftsförderer

„Die Regionalmarke ist das Sahnehäubchen."

Die Uckermark ist vieles: Eine historische Landschaft zunächst, die ihren Namen dem Flüsschen Ucker verdankt und einst zur Mark Brandenburg gehörte. Heute steht die Uckermark, obwohl Teile von ihr sogar in Mecklenburg-Vorpommern liegen, meist als Synonym für den gleichnamigen Landkreis. Die Uckermark gilt als Toskana des Nordens mit gleich drei Nationalen Naturlandschaften, mit lieblichen Seen, imposanten Schlössern und verträumten Dörfern. Für Silvio Moritz allerdings ist die Uckermark vor allen Dingen eines: eine Marke. Und seine Aufgabe ist es, diese mit Leben zu füllen.

Eine Frage des Blickwinkels: Für Regionalmarken-Manager Silvio Moritz liegt die Uckermark nicht am Rand, sondern im Zentrum.

Moritz ist Geschäftsführer des kreiseigenen ICU, des Investor Center Uckermark in Schwedt. Denn während andere schlicht einen Wirtschaftsförderer einstellen, hat der Landkreis sich für den 40-Jährigen den Titel eines Regionalmarken-Managers ausgedacht. Doch das passt schon: Zu seinen Aufgaben gehört eben nicht nur die Förderung von Industrie, Dienstleistung, Handel und Handwerk, die Vermarktung von Gewerbeflächen oder die Beratung von Existenzgründern. Wer den Manager in seinem Büro besucht, erkennt schnell, dass sich letztlich alles in diesem Schriftzug bündelt, der auf allen Prospekten zu sehen ist, den Silvio Moritz in Form eines Ansteckers ebenso am Revers trägt wie etwa der Landrat oder alle Busfahrer der Verkehrsgesellschaft. „Uckermark" steht drauf, grün umrandet, nichts weiter, kein Werbespruch. „Die Marke soll international funktionieren", erklärt ihr Botschafter, und zudem in ihrer Schlichtheit Selbstbewusstsein demonstrieren.

Das Potenzial, mit den anderen mitzuhalten

Damit sei es nämlich so eine Sache, meint Silvio Moritz. „Der gemeine Uckermärker sitzt ja auf seiner Scholle und denkt, dass außerhalb alles besser ist", sagt er. Solch kritischen Ton kann sich der Mann leisten, er ist selbst Ur-Uckermärker, seine Familie lebt seit mehr als 100 Jahren in Passow, einem Dorf zwischen Schwedt und Prenzlau. Möglicherweise hat ihm persönlich jedoch sein Studium in Stralsund gut getan; Business Administration, Schwerpunkt Marketing. Heute ist er „überzeugt, dass unsere Potenziale dazu geeignet sind, mit den anderen mitzuhalten", formuliert er in schönstem Beraterdeutsch. Wenn die Mehrheit das auch erkennt, glaubt er, müsste sich das Selbstbewusstsein fast automatisch einstellen. „Daran arbeiten wir", sagt er. Im Zweifel mit Ansteckern.

Größtes Problem: Diejenigen, die er so ansprechen und mitnehmen könnte, werden immer weniger. „Je weniger Leute, desto geringer die Wirtschaftskraft. Das ist eine Spirale nach unten", sagt der Betriebswirt in ihm. Der Lokalpatriot jedoch gibt sich kämpferisch: Es gelte, diese Spirale zu durchbrechen. Wie das gelingen soll? Er wisse, dass es in der Region viele Akteure gebe, die denken wie er und bereits Verantwortung übernehmen, die Werte und Arbeitsplätze geschaffen hätten. Daraus ziehe er seine Motivation, sagt der 40-Jährige. „Das bestärkt mich, bei anderen, die noch nie etwas von der Uckermark gehört haben, das Interesse zu wecken."

Es ist vieles auch eine Frage des Blickwinkels. Wie Silvio Moritz auf seine Heimat schaut, das kann man an einer Straßenkarte erkennen, die das UCI extra hat produzieren lassen. „Untere Oder" ist sie betitelt, reicht von Berlin im Westen bis zu den polnischen Städten Stettin und Landsberg im Osten. Im Zentrum allerdings, da liegt der Kreis Uckermark. Berlin vor der Haustür, die Nähe zu Polen, darin sieht der Manager eine große Chance. Vor dem Krieg nämlich sei Stettin Oberzentrum für die Uckermark gewesen, erklärt er. „Das kann es auch wieder werden." Dass dieser Wirtschaftsraum sich erst noch entwickeln müsse, das müsse er allerdings einräumen. „Auch die Region in Polen gehört nicht zu den wirtschaftlich starken. Das macht die Aufgabe nicht leichter."

Die hohen Strompreise sind für ihn ein Aufreger

Denn klar, auch man selbst sei nach wie vor ländlich geprägt, sagt Moritz. Da gibt es etwa den Grumsin, ein uralter Buchenwald mit Weltnaturerbe-Status im Herzen des Biosphärenreservates Schorfheide-Chorin, dazu den Nationalpark Unteres Odertal und den Naturpark Uckermärkische Seen – wahre Schätze aus touristischer Sicht. Selbst die große Schwedter Raffinerie ist vollständig von Wald umgeben. „Als sei ein Ufo gelandet", beschreibt es Moritz, muss lachen, und ist sich der Bedeutung doch bewusst. Nur wegen des Ufos nämlich wurde zu DDR-Zeiten dort auch die Papierfabrik angesiedelt, inzwischen modernisiert und längst in privater Hand. Auch der Anlagenbauer Butting mit 350 Mitarbeitern hätte sich 1991 hier sonst wohl nicht niedergelassen. Und so sind die drei längst wichtige Stützpfeiler des regionalen Arbeitsmarktes, ein weiterer ist die Produktion von erneuerbarer Energie – und zugleich aus Sicht des Wirtschaftsförderers ein echter Aufreger.

Es geht um die hohen Energiepreise in der Uckermark. „Wir produzieren mehr als wir brauchen, haben aber mit die höchsten Strompreise", sagt Silvio Moritz. Der Grund seien die hohen Netzentgelte, die von den Betreibern auf die Verbraucher vor Ort umgelegt werden – als Ausgleich für den Transport des überschüssigen Stroms sowie die Aufrechterhaltung der Stromversorgung bei relativ geringer Abnahme. „Dafür zahlen wir rund doppelt so viel wie zum Beispiel Ulm", sagt Moritz. Für hochproblematisch hält er diese Praxis und wünscht sich auf politischer Ebene eine Lösung.

Gemeinsame Dachmarke ist einzigartig in Brandenburg

Doch dies bewegt sich außerhalb des Einflussbereiches eines Regionalmarken-Managers. Und deshalb konzentriert sich Silvio Moritz lieber auf seine Arbeit als Netzwerker, als „Knotenpunkt" zwischen den Wirtschaftsförderern der Städte und des Landes sowie den heimischen Firmen. „Die Regionalmarke Uckermark ist das Sahnehäubchen. Ein Instrument nach Innen und Außen." Nach Außen sollen unter dem Label Produkte und Dienstleistungen vermarktet, nach Innen zugleich die Identität und die Zusammengehörigkeit gestärkt werden. Vom Industriebetrieb bis zum Landwirt, vom 4-Sterne-Hotel bis zum Privatzimmer, dazu Einrichtungen und Vereine aus Kultur, Freizeit und Sport, das alles versammelt sich unter einer Dachmarke, fast 200 Partner machen inzwischen mit. In dieser Form sei dies einzigartig in Brandenburg, versichert Moritz. Er glaubt an seine Mission, er, der sich als uckermärkischer Realist bezeichnet. „Das heißt aber nicht, dass man in manchen Punkten nicht Optimist sein kann."

Das Schloss Boitzenburg ist ein Traum für Kinder- und Jugendfreizeiten. Der Investor allerdings wurde wegen Subventionsbetrug verurteilt.

Der Berlischky-Pavillon an der Schwedter Lindenalle wird für Kulturveranstaltungen genutzt (links). Saniertes Fachwerk in Angermünde.

Danksagung

Ohne Förderer wäre die Entstehung dieses Buchs kaum möglich gewesen. Doch ganz viele haben sich für die Idee begeistern können, das Leben in zwei völlig unterschiedlichen Regionen in Deutschland vorzustellen und mich bei einer Crowdfunding-Aktion im Vorfeld unterstützt. Ohne folgende Menschen, bei denen ich mich herzlich bedanke, wäre ich möglicherweise nie in den Landkreis Eichstätt und in die Uckermark gekommen:

Kai Beckmann, Denissa Beschorner, Roelf Bleeker-Dohmen, Agnes Blümer, Johannes Braun, Jens Brodersen, Johanna und Lewis Connor, Rainer Cox, Ludolf Dahmen, Alexander Dassen, Angelika Dieterle, Thomas Dieterle, Ulrich Duschl, Anke und Thomas Engelberg, Daniel Ernst, Jeannine Fels, Eliomar Filho, Marlene Frucht, Jens Gerber, Alexandra Schäfers, Christa und Joachim Schäfers, Graf GmbH Schramberg, Martina Graf, Hubert Graf, Bernd Haas, Dagmar Häussler, Volker Häussler, Christine Hagenstein, Manuela Heinen, Ralph Hensel, Harald Hermsen, Melanie Herrmann, Heide und Ralph Jüngels, Carsten Kick, Dieter Kirchenbauer, Klaus Kluckhenn, Stefan und Stephanie Kluckhenn, Viktor Komes, Thorsten Lamm, Rolf Langenhuisen, Simone Langenstein, Kristina Laude, Oliver Lechlmair, Stefan Leutner, Wolfgang Leutner, Steffen Liebrich, Claudia, Martin und Florian von Lienen, Reanne Mann, Christopher Meil, Doris und Winfried Ponsens, Ruth Prinz, Eberhard Reschke, Judith Rieger, Esther Schneider, Vladimir Simovic, Sascha Solbach, Imke Springer, Dennis Stevens, Martin Stöckinger, Kathrin Thelen, Götz Weber, Marco Wehner, Bettina und Sascha Weick, Klaus Wohlrab und Jörg Zahnow.

Ein besonderer Dank geht selbstverständlich auch an meine Interviewpartner in Bayern und in Brandenburg, die mir ihre Zeit und nicht zuletzt auch ihr Vertrauen geschenkt haben. Ebenso bedanke ich mich herzlich bei Thorsten Lamm, der für mich einen wunderbaren Projektfilm gedreht hat, ohne den zweifellos weit weniger Menschen auf mein Thema und das Crowdfunding aufmerksam geworden wären.

Bedanken möchte ich mich ebenfalls ausdrücklich bei Nina Malmgrén für ihre Begeisterung und ihr Engagement, die Idee zu diesem Buch weiterzutragen sowie bei Sabine Reißberg, die mit zahlreichen Anregungen und Vorschlägen meine Texte wesentlich bereichert hat. Ein weiterer, gehöriger Dank geht an Barbara Prinz - bei ihr überhaupt für alles.

Zeitfracht Medien GmbH
Ferdinand-Jühlke-Straße 7
99095 Erfurt, Deutschland
produktsicherheit@kolibri360.de